BONNE FÊTE SUZETTE

Colette TOUTAIN et Yvonne DENIS

Editions ART ET COMEDIE
2, rue des Tanneries
75013 PARIS

NOTE SUR LES AUTEURS

Colette Toutain : Passionnée depuis toujours par le théâtre et l'écriture, elle a créé en 1994 une troupe de théâtre amateur au sein de laquelle elle fait de la mise en scène et joue. Elle a suivi des ateliers d'écriture, écrit des poèmes, nouvelles, contes pour enfants, pour enfin se lancer avec sa complice Yvonne Denis dans la rédaction de « Allô, Tahiti ? ». Le succès réservé à cette première pièce l'a encouragée à reprendre le stylo pour écrire un deuxième comédie, toujours à quatre mains : « Bonne fête Suzette ».

Yvonne Denis : Attirée tôt par le théâtre, Yvonne Denis, enseignante, montait des pièces avec ses élèves. Elle-même a souvent joué avec des troupes amateurs. Membre d'ateliers d'écriture, elle a écrit l'histoire de sa famille et des poèmes. Elle a pris beaucoup de plaisir à écrire « Allô, Tahiti ? » avec Colette Toutain et n'a pas hésité à se lancer avec celle-ci dans cette deuxième aventure.

PERSONNAGES
(par ordre d'entrée en scène)

SUZETTE TUILLAUX, 40 ans

BERTRAND TUILLAUX, 45 ans

CONCHITA, l'employée de maison, 20 ans

M. FACHOUX, le voisin, 45 ans

CHARLOTTE, la maîtresse de Bertrand, 40 ans

GALOPIN, le plombier, 35 ans

VALENTINE, la mère de Suzette, 60 ans

PEPITO, l'ami mexicain, 40 ans

AGNÈS, écrivain et enceinte de sept mois, 40 ans

BRIGITTE, juge d'instruction, 40 ans

MME FACHOUX, la voisine, 45 ans

- Les âges des personnages sont donnés à titre indicatif, il faut néanmoins que Suzette, Brigitte, Charlotte et Agnès puissent passer pour des amies d'enfance.
- Conchita et Pepito doivent prendre l'accent espagnol.

DÉCOR

Une grande pièce moderne, grande baie en fond de scène laissant entrevoir un jardin ou une terrasse, avec bibliothèque ou vitrines de chaque côté.
Indispensables : un canapé, deux fauteuils, un petit bar, une chaise.
Murs clairs, beaux objets décoratifs et tableaux modernes (il en faut au moins trois).
Quatre portes :
- Deux côté cour, donnant sur la salle de bains et la chambre.
- Deux côté jardin, donnant sur la cuisine et le bureau.
L'entrée dans le living sera masquée dans un dégagement au fond de la scène côté cour.

PREMIER ACTE

SCÈNE 1

Suzette, Bertrand, Conchita

Suzette, en déshabillé, est assise sur le canapé. Elle a devant elle, sur la table basse, un plateau avec le petit-déjeuner et elle mange en lisant une revue. Elle tournera le dos à son mari et ne lèvera la tête de sa revue qu'à l'intervention de Conchita. Bertrand lui parle par la porte ouverte de la chambre.

BERTRAND - Chérie, je ne trouve pas mon nœud papillon. Où est-il ?

SUZETTE - A sa place habituelle : avec les cravates, à gauche, dans la penderie. *(Un temps.)* Viens boire ton café, il va refroidir. Il te reste au moins une demi-heure avant de partir pour l'aéroport.

Bertrand entre en chemise et caleçon. On le sent fébrile.

BERTRAND - Je sais, mais j'ai encore mes dossiers à mettre dans ma serviette. *(Il va les chercher dans le bureau et les met dans la serviette qui est posée sur une chaise du living.)* Il faut aussi que je téléphone à mon nouvel associé à la clinique pour lui recommander un de mes patients, puis que j'appelle ma secrétaire pour mes rendez-vous de mardi prochain…

SUZETTE - Je ne comprends pas, chéri. Ce déplacement à Zurich pour un énième congrès de cardiologie me semble tout à fait improvisé ! Je t'ai connu plus organisé. As-tu au moins ton billet d'avion ?

BERTRAND *(bafouillant)* - Mon billet d'av... non... oui, oui... Enfin, je veux dire, bien sûr que je l'ai.

SUZETTE - Tu me parais vraiment perturbé : tu n'as pas cessé de te retourner en dormant cette nuit, je t'ai même entendu prononcer un prénom féminin et ce n'était pas le mien... Tu me trompes ?

BERTRAND *(sursautant et manquant de renverser le café qu'il buvait)* - Te tromper ? Tu plaisantes ! Non, c'est sûrement le repas d'hier soir, je digère mal en ce moment, alors j'ai dû faire un cauchemar.

SUZETTE *(d'un air entendu)* - Un cauchemar qui s'appelle Charlotte...

BERTRAND *(bafouillant encore)* - Co... co... comment, Charlotte ? Tu as mal compris, je devais parler des ca ... ca... carottes, mal cuites d'ailleurs, que Conchita nous a servies hier soir. C'est ta faute aussi, tu la laisses décider des menus ! J'aimerais bien de temps en temps manger comme tout le monde une bonne paella, bien garnie.

SUZETTE - Je t'ai déjà dit que bien qu'Espagnole, Conchita déteste la paella.

BERTRAND - Oui, mais moi, je l'aime !

SUZETTE - Tant pis, tu peux te passer de paella, mais moi je ne peux pas me passer de Conchita. Tu sais combien il est difficile de trouver du personnel à notre époque !

Pendant toute cette conversation, Bertrand, toujours en caleçon, a fini son café, passé sa veste mais oublié dans son trouble d'enfiler son pantalon. Suzette, qui lit toujours sa revue, ne s'en est pas aperçu. On entend un klaxon de voiture.

BERTRAND - Déjà le taxi ? Il est en avance ! Finalement, je passerai mes coups de téléphone pendant le trajet. *(Il embrasse sa femme distraitement, sort de la pièce avec un léger bagage et sa serviette, puis revient sur ses pas.)* Au fait, embrasse ta mère pour moi. Tu passes toujours le week-end chez elle, tu n'as pas changé d'avis ?

SUZETTE *(qui continue de lire)* - Non, bien sûr, je serai partie dans une heure, de ce fait la maison sera vide. Conchita s'absente, elle va chez sa cousine, je lui ai donné son lundi.

BERTRAND - Les clés et les papiers de la voiture sont sur la console, dans l'entrée. Sois prudente.

SUZETTE - Comme d'habitude, chéri.

BERTRAND *(au public)* - Alors, saint Christophe, au travail !

A ce moment, la bonne, venant de la cuisine, entre en coup de vent dans la pièce. Elle parle français avec un fort accent espagnol.

CONCHITA - Señor, c'est le tax… *(Elle pousse un cri et éclate de rire.)* Le señor lance une nouvelle mode ?

BERTRAND - Comment ça, une nouvelle mode ?

CONCHITA - Madre de dios ! *(Elle rit de plus belle.)* Le señor il est en caleçon !

SUZETTE *(qui abandonne sa revue, se retourne et se met à rire également)* - Enfin, Bertrand, qu'as-tu ce matin ?

BERTRAND - En cal… Oh ! *(Il se précipite dans la chambre et passe son pantalon.)* C'est bien le taxi ? Merci Conchita ! *(Il reprend son bagage, mais oublie la serviette dans laquelle tout à l'heure il avait mis des documents.)* Au revoir chérie, à lundi. *(Il va pour sortir.)*

SUZETTE - Tu n'oublies pas de me souhaiter quelque chose ?

BERTRAND *(à moitié sorti)* - Bon week-end !

Il sort.

SUZETTE *(haussant les épaules)* - Il a même oublié qu'on était le 11 août et que c'était ma fête aujourd'hui. Vingt années de mariage et voilà le résultat !

SCÈNE 2

Suzette, Conchita

CONCHITA *(qui débarrasse et range)* - Moi, je souhaite une bonne fête à la señora. La señora ne trouve pas le señor Tuillaux distrait en ce moment ?

SUZETTE - Vous avez raison, il est bizarre ! Trop de travail sans doute, et puis tous ces congrès qui se multiplient depuis quelque temps… *(Un temps.)* Conchita, vous pourrez partir chez votre cousine dès que vous aurez débarrassé.

CONCHITA - Je n'y vais plus, ses enfants ont la varicelle, elle m'a décommandée.

SUZETTE - Mais c'est très ennuyeux pour moi… *(Elle se reprend.)* Enfin, je veux dire pour vous ! Vous avez bien un autre endroit où aller ? Je tiens à ce que vous profitiez de ces trois jours de congé.

CONCHITA - J'ai déjà dit à la señora qu'à part ma cousine Carmen, toute ma famille est en Andalousie… et pour aller là-bas en trois jours… !

SUZETTE - Mais enfin, Conchita, vous n'allez pas rester ici ! Tenez, je vous offre une sortie où vous voulez. Le Futuroscope ? Le Mont-Saint-Michel ? Disneyland ?

CONCHITA *(qui fait la moue)* - Qu'est-ce que c'est tout ça ? Je préfère aller en boîte pour rencontrer des garçons et danser !

SUZETTE - Je comprends, c'est de votre âge. Mais ça m'ennuie vraiment beaucoup que vous restiez ici. Entre nous, j'ai fait un petit mensonge à Monsieur, je lui ai dit que j'allais voir ma mère, alors qu'elle est en vacances au Mexique, mais en réalité…

CONCHITA *(ironique)* - … La señora reste ici, comme les autres fois que le señor part en congrès, et c'est la première fois que ma cousine ne peut me recevoir pour que la señora…

SUZETTE *(agacée)* - Ne soyez pas impertinente Conchita, il est vrai que j'attends…

CONCHITA *(avec sous-entendu)* - … Hervé Ramonat, le nouveau collègue du señor Tuillaux…

SUZETTE *(un peu gênée, se récrie)* - … Pour une consultation ! Monsieur ne veut pas entendre parler de mes crises de tachycardie, il dit que je me fais des idées, alors qu'Hervé… je veux dire le docteur Ramonat… prend cela très au sérieux.

CONCHITA *(ironique)* - Je pense bien, puisqu'à chaque fois que le señor part, le señora se fait examiner. *(Avec sous-entendu.)* Elle fait bien de surveiller sa santé ! Si j'osais, je demanderais à la señora de parler au docteur Ramonat de mes petits malaises… J'aimerais bien qu'il m'examine aussi, il est si beau… il a de si belles mains…

SUZETTE *(la coupant)* - Voyons ! Vous n'avez rien du tout ! Soyez gentille, Conchita : allez où vous voulez, mais disparaissez pendant trois jours.

CONCHITA - Facile : je disparais si la señora me prête sa voiture, comme ça je pourrai rejoindre mes amigos qui vont à Deauville.

SUZETTE *(surprise)* - Vous conduisez ? Première nouvelle ! Vous avez votre permis depuis combien de temps ?

CONCHITA *(très fière, qui sort le permis de sa poche de tablier)* - Depuis une semaine !

SUZETTE - Et quand avez-vous pris des leçons de conduite ?

CONCHITA - Pendant les week-ends, quand la señora me demandait d'aller chez ma cousine… pour avoir ses consultations… particulières sans être dérangée…

SUZETTE - Une semaine de permis, ce n'est pas beaucoup, et la voiture est neuve…

CONCHITA - J'emmènerai mi novio, c'est un as du volant, il fait des rodéos avec ses copains en banlieue le samedi soir et c'est toujours lui qui gagne.

SUZETTE - Vous avez un fiancé ? Vous m'en cachez des choses, Conchita !

CONCHITA - La señora cache aussi bien des choses au señor Tuillaux...

SUZETTE - Hum... Bon, vous pouvez prendre les clés et les papiers qui sont avec, mais attention : revenez entière et ramenez-moi ma Porsche lundi soir sans une égratignure. C'est la deuxième voiture en un an et souvenez-vous que pour la première Monsieur ne voulait pas faire agrandir l'entrée du garage...

CONCHITA - Et que la señora en rentrant la voiture, elle est entrée dans le mur. Aïe aïe aïe ! La colère du señor Tuillaux ! Je promets tout ce que Madame voudra et je disparais tout de suite.

Elle sort en faisant une pirouette. Suzette se lève pour aller dans la chambre. Arrivée à la porte, se ravisant, elle regarde sa montre.

SUZETTE - Déjà cette heure-ci ! Il faut que je me dépêche de prendre un bain et que je me fasse belle pour Hervé, il ne va plus tarder.

Elle entre dans la salle de bains.

<h1 style="text-align:center">SCÈNE 3</h1>

CONCHITA, M. FACHOUX, SUZETTE

La scène reste vide quelques instants, puis on entend la sonnette de la porte d'entrée. Conchita revient en pestant ; elle a enlevé son tablier et elle est prête à partir. Elle va ouvrir et introduit M. Fachoux, le voisin des Tuillaux. C'est un petit homme timide et terrorisé par sa femme. Il a quelques fleurs à la main.

CONCHITA - Señor Faché, bonjour, qu'y a-t-il pour votre service ?

M. FACHOUX - Pas « Faché », « Fachoux » ! Bonjour mademoiselle Conchita. Voilà, c'est ma femme, elle m'a dit : « Va donc chez le docteur et demande-lui de te prêter sa tondeuse. » La nôtre est en panne et ma femme elle n'arrive pas à la réparer. Alors elle m'a poussé et voilà ! Je ne voulais pas déranger, mais…

CONCHITA - La señora Faché ne pouvait pas venir la chercher elle-même ? Les corvées, c'est toujours pour vous !

M. FACHOUX - Ses cors aux pieds la font souffrir…

CONCHITA - Et c'est vous qui marchez ! Señor Faché, je vous aime bien, vous avez toujours un bouquet de fleurs de votre jardin pour égayer ma cuisine… *(Il lui tend timidement les fleurs.)*… mais la señora, que pelma !

M. FACHOUX - Vous allez me la prêter la tondeuse, n'est-ce pas ? Si je ne reviens pas avec, je vais manger de la soupe à la grimace à tous les repas pendant au moins une semaine.

CONCHITA - Bien sûr, prenez-la, vous savez où elle est… Il n'y a que vous qui vous en servez d'ailleurs, à croire que le señor Tuillaux l'a achetée pour éviter les scènes de ménage chez ses voisins !

M. FACHOUX - Merci mademoiselle Conchita. Je vous la ramène bientôt.

CONCHITA - Ne vous pressez pas señor Faché, gardez-la jusqu'à mardi, il n'y aura personne pour vous recevoir ici.

M. FACHOUX - Vous partez en week-end, mademoiselle Conchita ?

CONCHITA - Je vais à Deauville avec des amigos.

M. FACHOUX - Alors, amusez-vous bien. Et encore merci.

Ils sortent de scène. Suzette sort de la salle de bains.

SUZETTE - Conchita ! Conchita, où êtes-vous, et qui a sonné ?

CONCHITA *(revenant)* - Señora, je suis là. C'était le señor Faché qui venait, comme d'habitude, emprunter la tondeuse.

SUZETTE - Faché ? Qui c'est ça ? Ah oui ! Fachoux, le voisin ! Quel dommage qu'il ne soit pas plombier !

CONCHITA *(riant)* - Le señor Faché, plombier ! Le pauvre, il ne sait même pas planter un clou !… La señora peut m'expliquer pour le plombier ?

SUZETTE - Il y a une fuite au lavabo et en plus je n'ai pas d'eau chaude pour mon bain, vous vous rendez compte ? Appelez-moi quelqu'un tout de suite, je ne vais tout de même pas me laver à l'eau froide !

CONCHITA - La señora rêve ! Un plombier, un samedi !

SUZETTE - Appelez « S.O.S. Jefaitou » Qu'ils envoient quelqu'un immédiatement.

CONCHITA - Mais je suis prête à partir, moi !

SUZETTE - Vous partirez après ! Allez, Conchita, le docteur Ramonat ne va plus tarder.

Conchita peste de plus belle pendant que Suzette, étonnée, aperçoit la serviette oubliée par son mari.

SUZETTE *(prenant la serviette)* - Bertrand est parti sans ses dossiers ! Comment va-t-il faire pour son exposé ? Quel étourdi !

Elle rentre dans le bureau en emportant la serviette.

CONCHITA *(revenant avec l'annuaire et téléphonant du living)* - Allô, allô ! « S.O.S. Jefaitou » ? La señora a besoin d'un plombier pour prendre son bain, et tout de suite !… Je sais, c'est samedi, mais c'est urgent et c'est vous le dépannage vingt-quatre heures sur vingt-quatre, non ?… Chez la señora Tuillaux… Mais non, il ne faut pas de tuyaux mais un plombier ! L'eau est froide et la señora a besoin d'un plombier pour la réchauffer… Mais non, pas pour réchauffer la señora, l'eau !… L'adresse ? 10, rue des Capucines… Dans un quart d'heure vous venez ?… Bueno, adios ! *(Excédée.)* « Jefaitou » mais je comprends rien ! *(A la cantonade.)* Le plombier dans un quart d'heure, señora ! *(Elle sort.)*

SUZETTE *(off)* - Merci Conchita.

Quelques secondes, puis on entend une voiture démarrer péniblement.

SCÈNE 4

BERTRAND, CHARLOTTE

La scène reste vide un instant puis Bertrand entre, accompagné de sa maîtresse, Charlotte.

BERTRAND - Chérie, je te l'avais bien dit, la maison est vide, ma femme est partie chez sa mère. J'ai collé ton mari de garde à la clinique, nous allons passer trois jours fabuleux.

CHARLOTTE - Ta femme est chez sa mère ? Tu es sûr ? Parce que c'est ce que j'ai raconté à mon mari, il me croit chez la mienne.

BERTRAND - Bien sûr qu'elle est chez sa mère, elle y va à chaque fois que je pars soi-disant en congrès parce qu'elle n'aime pas rester seule.

CHARLOTTE - Bien, bien ! En tout cas, nous avons eu de la chance avec tous ces imprévus qui nous ont empêchés de faire connaissance tous les quatre. Nos époux ne s'étant pas rencontrés, ils ne peuvent rien soupçonner.

BERTRAND - J'avoue en effet que c'est un concours de circonstances plutôt heureux !

CHARLOTTE - Tu sais, j'étais lasse de nos rendez-vous trop brefs, quelques instants volés par-ci, par-là… Je n'oublierai jamais l'instant magique dans le couloir de la clinique : tu me dépasses rapidement, tu me bouscules et fais tomber mon sac, tu le ramasses et me le tends en t'excusant et nos regards s'accrochent… coup de foudre ! Et maintenant nous sommes là, tous les deux, pour trois longs jours… Comme c'est bon ! J'en frissonne de plaisir !

BERTRAND *(il veut l'enlacer, elle lui échappe)* - C'est fou ce que les femmes sont romantiques et tiennent aux détails ! Mais c'est vrai, je suis tombé amoureux de toi dès le premier regard.

CHARLOTTE *(qui se promène dans le living)* - C'est donc le lieu dans lequel tu vis ? C'est très beau, je dois reconnaître que ta femme a du goût. Evidemment, quand je pense au petit appartement que mon mari a loué et ce qu'il m'octroie comme argent pour le décorer ! Bien sûr c'est à Neuilly, mais tout de même !

BERTRAND - La pièce la plus intéressante, c'est la chambre et c'est par ici… *(Il lui montre la porte de la chambre.)* Ne perdons pas de temps…

CHARLOTTE - Naturellement, mon chéri, je suis aussi impatiente que toi, mais accorde-moi cinq petites minutes quand même pour faire le tour de la pièce. J'ai envie d'admirer les bibelots, les meubles, tout ce qui t'entoure.

BERTRAND *(pressant)* - Viens Charlotte. Cinq minutes c'est trop, je t'assure !

CHARLOTTE - Comme il est pressé ! Voyons, laisse-moi regarder. *(Elle se balade dans la pièce et s'arrête devant les livres.)* De très vieux livres de médecine, bien sûr… Tiens, une édition ancienne des « Contemplations » de Victor Hugo… Tu aimes la poésie ? Moi j'adore. Encore un point que nous avons en commun ! *(Il lui arrache le livre des mains, elle rit et va vers la vitrine.)* Une collection de pots d'apothicaires, quelle splendeur ! Et tes tableaux, pas possible ! *(Elle va de tableau en tableau.)* Un Mantego… un Hiroki… un Van Derken… Tu es un véritable connaisseur, tout ceci représente une fortune. Ça sert d'être un cardiologue réputé !

BERTRAND *(pressant)* - Chérie, nous avons tout le temps d'admirer ces babioles, viens par ici, j'ai besoin d'un câlin tout de suite.

CHARLOTTE *(lui échappe en riant)* - Comme il est impatient !

BERTRAND - Charlotte, je suis fou de toi, je ne t'ai pas amenée chez moi pour discuter bouquins ou peinture !

CHARLOTTE *(qui fait exprès de le faire languir)* - Je sais, je sais, mais pourquoi pas ? Mon chéri, j'ai fait les Beaux-Arts moi, alors que toutes mes amies faisaient Droit ou Lettres ; par conséquent pour te faire languir encore un peu, je peux discourir des heures sur la peinture moderne.

BERTRAND - Pitié, Charlotte ! Pas ça !

CHARLOTTE *(qui continue son manège)* - Tiens, l'autre jour, je suis allée dans une galerie où étaient exposées les œuvres d'un jeune peintre. Il n'est pas encore connu, mais très prometteur et je suis sûre qu'il a de l'avenir. Je te suggère d'y retourner avec moi et de lui acheter quelque chose. Il y a entre autres un nu…

BERTRAND *(pressant)* - C'est d'accord ma Lolotte, j'achèterai ce nu ! Mais justement, entrons dans la chambre, tu me feras un cours sur le nu, et avec des applications pratiques s'il te plaît !

CHARLOTTE *(qui se dérobe et continue la visite)* - Et ces portes donnent sur quelles pièces ?

BERTRAND *(qui s'impatiente vraiment)* - Mon bureau ici, la cuisine là.

CHARLOTTE *(se dirigeant vers la porte du bureau)* - Je suis curieuse de voir l'endroit dans lequel tu travailles…

BERTRAND - Viens, chérie…

A ce moment, on entend un bruit qui vient du bureau.

CHARLOTTE *(qui sursaute)* - Mais il y a quelqu'un chez toi ! Tu es certain que la maison est vide ?

BERTRAND - Evidemment, la voiture n'est plus dans le garage, tu penses bien que j'ai vérifié en arrivant… et la bonne est partie chez sa cousine… Non, ce doit être le chat… Allez viens, sans cela je ne me contrôle plus.

CHARLOTTE - Du calme, du calme ! N'est-ce pas ce que tu conseilles à tes patients ?

BERTRAND - Mes patients… mais nous ne jouons pas au docteur !

CHARLOTTE - Mais oui, jouons au docteur… Ah ! *(Elle fait semblant de s'évanouir sur le canapé et dit d'une petite voix.)* Docteur, voulez-vous m'ausculter ?

BERTRAND *(s'approchant d'elle et entrant dans le jeu)* **-** Passons dans mon cabinet particulier chère petite madame, je me ferai un plaisir de vous examiner en détail et de vous administrer le remède adéquat.

Il la relève, l'enlace et la pousse en riant dans la chambre à coucher.

SCÈNE 5

SUZETTE, GALOPIN

Dès qu'ils sont rentrés, Suzette sort du bureau. Au même moment, on entend une voiture s'arrêter devant la maison ; elle se précipite, affolée, pour regarder par la baie vitrée.

SUZETTE - Voilà Hervé ! Et moi qui ne suis pas prête !… *(Elle se reprend.)* Ah non, c'est le plombier, enfin ! *(Elle se dépêche d'aller lui ouvrir et l'introduit dans le living.)* Oui, je suis bien Mme Tuillaux, entrez. J'espère que ce n'est qu'une petite panne et que vous allez me réparer cela rapidement : j'attends pour prendre mon bain.

GALOPIN *(goguenard, accent traînant)* **-** Alors, on n'aime pas l'eau froide ? Ça ravigote pourtant, non ? Bon, alors on s'occupe de ça tout de suite petite madame ! *(Il la détaille en connaisseur.)* On peut aussi s'occuper d'autre chose si la petite dame s'ennuie. On est plombier, mais on peut faire des extras… d'autant qu'elle est bien roulée la petite dame ! *(Il s'avance les bras tendus vers elle.)*

SUZETTE *(le repoussant)* - Ciel ! un plombier dragueur ! *(Au public.)* Il ne manquait plus que ça ! *(Au plombier.)* Il ne s'agit pas de moi, mais de mon bain. Suivez-moi, je vais vous montrer. Et attention, pas de gestes déplacés !

Ils entrent tous les deux dans la salle de bains.

SCÈNE 6

VALENTINE, PEPITO

Aussitôt, apparaît Valentine, veuve excentrique et mère de Suzette, qui revient d'un séjour au Mexique. Elle est suivie d'un homme plus jeune qu'elle : Pepito. Celui-ci est vêtu à la mexicaine, poncho et sombrero. Il porte deux grosses valises. Pepito parle avec l'accent espagnol.

VALENTINE - Nous y voilà Pepito mi amor, ça te plaît ?

PEPITO - Si, si… Es tu casa ? C'est joli, joli ! Quand j'étais dans la Sierra Madre je vivais dans la forêt avec mes guérilleros, et on changeait de campement toutes les deux ou trois nuits pour échapper aux soldats qui nous poursuivaient…

VALENTINE - Mais tu n'es plus dans la forêt, querido. Maintenant, avec moi, ta vie va changer… Non, je te l'ai déjà dit, cette maison, c'est celle de ma fille Suzette. Elle va être surprise de me voir débarquer : elle ne m'attendait que la semaine prochaine, et seule. Pose donc les valises, corazón.

PEPITO - Ah oui ! Le gendre cardiologue très renommé, la Suzetta, une beauté qui va bien nous accueillir et qui va nous préparer un repas gastronomique… Justement, j'ai faim, querida, je goûte à la cuisine française tout de suite, appelle-la ta fille !

VALENTINE - Comme la porte était ouverte, elle ne doit pas être loin. En attendant, faisons comme chez nous ! J'ai soif, tu veux bien nous préparer quelque chose ?

PEPITO - Si, si, tu me montres où est la réserve, je me sers et ensuite je te prépare un philtre d'amour… Ma Valentina, après l'avoir bu, tu ne voudras plus te séparer de ton Pepito.

VALENTINE *(lui montre le meuble où sont les bouteilles et s'assoit sur le canapé)* - Comme je m'amuse avec toi, Pepito mi amor ! Quelle bonne idée j'ai eue de te ramener en France ! Et tu es mon premier général. Tu ne me quitteras pas, n'est-ce pas ? Comme cet Italien l'an dernier à qui j'ai offert une merveilleuse automobile, une Ferrari dernier modèle, et qui m'a dit : « je vais l'essayer » et dont les essais durent encore ! Je ne l'ai jamais revu.

PEPITO - Une Ferrari ! Mais moi je reste, querida, je reste le temps que tu veux !

VALENTINE *(riant)* - Querido mio, tu restes pour moi ou pour la Ferrari dernier modèle ?

PEPITO - Valentina de mi corazón, te quiero ! Et j'aime aussi les gros cadeaux que Valentina va faire à son Pepito ! Un verre pour célébrer notre amour…

Il remplit deux verres dans lesquels il ajoute de la tequila d'une bouteille qu'il sort de sous son poncho et boit le sien cul sec. En apportant l'autre à Valentine, il trébuche sur les valises.

VALENTINE - Muchas gracias. *(Elle boit.)* Les valises encombrent, on va les mettre dans le bureau, je vais en profiter pour déballer les cadeaux destinés à ma fille et mon gendre.

Pepito se ressert un verre qu'il boit encore cul sec, puis prend les valises et ils entrent tous les deux dans le bureau.

<h1 style="text-align:center">SCÈNE 7</h1>

VALENTINE, PEPITO, SUZETTE, GALOPIN, M. FACHOUX

Suzette et le plombier sortent de la salle de bains. Suzette n'a pas vu les verres et les bouteilles.

SUZETTE - Qu'en pensez-vous ? Est-ce grave, monsieur ?

GALOPIN - Galopin… Félix pour les dames !… Bon, la fuite c'est rien, mais pour la panne, heu… c'est assez sérieux. A première vue, y a pas qu' l'eau chaude…

SUZETTE - Alors dépêchez-vous de réparer, voyons !

GALOPIN - On y va, on y va ! Faudra bien compter quand même une bonne heure.

SUZETTE - Vous plaisantez ? Dix minutes ! Je vous donne dix minutes !

GALOPIN - Bon, ben dans ce cas, j' ferais mieux d'aller chercher du matériel dans ma camionnette pour commencer… *(Il traîne.)*

SUZETTE - Mais dépêchez-vous ! J'ai un rendez-vous urgent, je ne peux pas m'habiller sans prendre mon bain, tout de même ! *(Elle rentre dans la salle de bains.)*

GALOPIN *(seul en scène, en allant vers la sortie)* - Est-ce que je me lave, moi ? Ah, ces bourgeoises, toujours à se laver, se parfumer, à se mettre ceci, cela ! Moi, j' vous l' dis : y a les femmes qu'arrêtent pas de se pomponner et les autres… eh ben moi, finalement, j' préfère les autres, les vraies, celles qu'ont pas le temps de s' bichonner, mais qui ont du caractère !… Oui, bon, c'est pas tout ça ! *(Il sort tout en regardant les tableaux.)* Qu'est-ce que c'est moche !

Suzette ressort de la salle de bains et aperçoit cette fois la bouteille et les verres laissés par sa mère et Pepito.

SUZETTE - Des verres, une bouteille de… *(Elle prend la bouteille.)* Tequila… Ça alors ! Je rêve… Mais qui… *(A ce moment, Valentine* *sort du bureau. Stupeur de Suzette qui s'adresse au public, nerveuse.)* Catastrophe ! Tout s'emmêle : pas d'eau chaude, un plombier dragueur, ma mère qui débarque sans prévenir et Hervé qui va arriver ! *(A sa mère.)* Maman, mais d'où sors-tu ? Je ne t'attendais que la semaine prochaine !

VALENTINE - Ma chérie, je reviens le jour de ta fête et ça n'a pas l'air de te faire plaisir !

SUZETTE - Tu parles d'une surprise !

VALENTINE - C'est le mot, d'autant que ce n'est pas tout, je ne suis pas revenue seule. *(Elle appelle.)* Pepito mi amor ! Viens faire connaissance avec ma fille Suzette !

SUZETTE - Ne me dis pas que tu as rencontré…

VALENTINE - Pas rencontré, ramené du Mexique le plus amoureux, le plus beau, le plus fou des Mexicains ; il me fait rire, il m'amuse, il me rajeunit, quoi !

SUZETTE - Encore ! Depuis la mort de papa c'est un défilé continuel : Michæl, Gunther, Dimitri, Olaf, Giovanni… et j'en oublie sûrement !

VALENTINE - Eh oui, avec moi, il y a belle lurette que l'Europe est faite ! Et pourquoi pas ? Ton père était un homme ennuyeux, maniaque, autoritaire… Au lit, n'en parlons pas : zéro ! Sauf une fois, tiens ! C'est d'ailleurs pour ça que tu es là ! Il n'avait qu'une seule qualité : il était riche. Ce qui fait que maintenant je peux m'offrir quelques fantaisies… *(Pepito rentre à ce moment.)* Voici mon cher Pepito, un ex-général mexicain, et c'est lui qui inaugure le continent américain.

PEPITO - Yo suis Don José Cristobal Alvarez Miranda y Cabeza de Vaca. *(Il se précipite sur Suzette pour l'embrasser.)* Suzetta, qu'elle est belle ! Elle te ressemble pas du tout ! Et le costume ! Hé ! hé !

VALENTINE - Charmant ! Si tu restes assez longtemps, il faudra que je t'apprenne la délicatesse !

PEPITO *(qui se reprend)* - Toi aussi, tu es belle corazón, mais ta fille c'est le soleil ! Le trésor des Incas ! *(Il lui envoie un baiser.)*

SUZETTE - Merci, monsieur… heu… général Cristobal Alvarez…

VALENTINE - Tu peux l'appeler Pepito, c'est plus court.

A ce moment, Galopin revient. Il porte plusieurs tuyaux et outils. Il est suivi de M. Fachoux, tout intimidé.

SUZETTE *(étonnée)* - Monsieur Fachoux, vous désirez quelque chose ?

M. FACHOUX - Oui, c'est-à-dire… Bonjour m'sieurs-dames, c'est le plombier, il va me prêter un outil pour que ma femme puisse dépanner notre voiture maintenant qu'elle a fini de tondre la pelouse.

SUZETTE *(dépassée)* - Ah bon, ah bon ! Dans ce cas…

GALOPIN *(au public)* - J' viens d' la voir, mâme Fachoux, les mains dans le cambouis. Ça c'est une femme comme je les aime ! Quel caractère !

SUZETTE *(atterrée, à Galopin)* - Monsieur Galopin, ces tuyaux sont pour ma salle de bains ?

GALOPIN - Eh oui ! Ça se corse !

Galopin rentre dans la salle de bains suivi de M. Fachoux.

SUZETTE *(se tournant vers sa mère)* - Mais alors, mon bain, quand vais-je pouvoir le prendre ?

VALENTINE *(qui ne comprend rien)* - Comment, ton bain ? Je ne comprends rien à ce que tu dis. Au fait, pourquoi es-tu encore en déshabillé à cette heure-ci ? Et où est mon gendre ? A la clinique, comme d'habitude ?

SUZETTE - Non, il est parti ce matin à Zurich pour un congrès de trois jours, ce qui fait que j'attends… *(Affolée.)* Oh ! il faut absolument que je passe un coup de fil !

Elle entre en courant dans le bureau pendant que Pepito se ressert un verre de tequila. M. Fachoux sort de la salle de bains avec un outil à la main ; Pepito va vers lui et lui tend un verre.

PEPITO - Señor Facho, pas si vite, venez boire la tequila avec moi !

M. FACHOUX *(gentiment)* - Pas « Facho », « Fachoux » ! C'est pas de refus, mais vite fait parce qu'il faut que je repasse le linge. *(Il boit et fait claquer sa langue.)* C'est bon dites donc, ça coule tout seul… *(Il tend son verre à Pepito, celui-ci le remplit de nouveau.)* Doucement, doucement, sans ça la vapeur va m' sortir des oreilles au lieu de sortir du fer, et Mme Fachoux va m'envoyer une torgnole comme à son habitude !

VALENTINE - Querido mi amor, n'enivre pas M. Fachon voyons !

M. FACHOUX *(insistant)* - Fa… choux… Fa… Fa… Fachoux ! Au r'voir m'sieurs-dames !

VALENTINE - Au revoir, monsieur Fachon.

M. Fachoux sort en titubant légèrement. Pepito s'assoit sur le canapé pendant que Valentine se dirige vers le bureau.

VALENTINE - Il tient mal l'alcool ton voisin, Suzette ! Un peu de tequila, et hop !… Dis-moi, Pepito a faim et moi aussi, tu nous invites à manger ce midi ?

SUZETTE *(revenant dans le living, ennuyée)* - Maman, j'avais prévu… enfin, c'est-à-dire… Conchita est absente et tu connais mes talents culinaires !

VALENTINE - Ce n'est pas grave, j'ai rapporté quelques spécialités mexicaines, elles sont dans une des valises. Elles feront des entrées délicieuses et nous irons voir dans ton réfrigérateur s'il n'y a pas quelque chose pour compléter… Pepito, tu viens nous aider ?

Valentine et Suzette rentrent toutes les deux dans le bureau. Mais Pepito, qui a un peu trop bu, se sent plutôt fatigué, ne répond pas, s'allonge sur le canapé, met son sombrero sur son visage et s'assoupit.

SCÈNE 8

BERTRAND, CHARLOTTE, PEPITO

La porte de la chambre s'ouvre. Bertrand et Charlotte sortent enlacés ; Bertrand est en caleçon et Charlotte en nuisette.

BERTRAND - Ma chérie, quel bon moment nous venons de passer ! J'avais raison d'inventer ce congrès en Suisse, n'est-ce pas ?

CHARLOTTE - Et comme tu as bien fait de coller mon mari de garde, soi-disant pour le mettre dans le bain ! Mon petit docteur, ton remède était très efficace, je me sens en pleine forme !

BERTRAND - Tu ne sais pas encore ce qui t'attend, nous ne sommes qu'au début des réjouissances. Dans trois jours, tu demanderas grâce.

CHARLOTTE - Demander grâce ? Tu plaisantes ! Tu seras peut-être fatigué bien avant moi. Dis donc, j'ai faim… je meurs de faim ! L'amour, c'est fou ce que ça creuse !

BERTRAND - J'allais justement te proposer un tour à la cuisine. Conchita n'est pas là, mais elle a dû remplir le réfrigérateur. Nous allons certainement y trouver quelque chose à cuisiner et à manger.

CHARLOTTE - Et à boire ! Je meurs également de soif.

BERTRAND - Tu sais ce qu'on va faire ? On va se préparer un plateau et puis regagner notre nid d'amour et manger au lit !

CHARLOTTE - J'espère que ta femme passe un bon moment chez sa mère… La pauvre, si elle débarquait !

BERTRAND - Il n'y a pas de danger, je les connais, elles vont papoter pendant des heures ! Encore heureux qu'il s'agisse de sa mère et non de ses copines : quand elles arrivent toutes les deux, en général sans prévenir, je déguerpis aussi sec, car il y en a pour toute la journée !

CHARLOTTE - Mon petit docteur, tu parles trop ! J'ai soif, qu'as-tu à m'offrir ?

25

BERTRAND - Mais du champagne bien sûr, on va fêter notre amour ! Champagne pour mon adorable maîtresse !

CHARLOTTE - Du champagne ? J'en raffole ! Et ça me fait de l'effet, je te préviens… Tu sais faire la cuisine, chéri ? J'adore voir les hommes au fourneau, un tablier autour de la taille, et je suis terriblement gourmande… Bon, allons vite faire l'inventaire des bonnes choses qui n'attendent que nous à côté.

Ils n'ont pas vu Pepito et ils entrent dans la cuisine en riant.

SCÈNE 9

VALENTINE, SUZETTE, PEPITO, AGNÈS, BRIGITTE

Valentine et Suzette sortent du bureau tandis qu'on frappe à la porte d'entrée. Suzette a un mouvement de panique.

SUZETTE *(au public)* - Mon Dieu, Hervé ! Et moi qui n'ai pas pu le prévenir !

VALENTINE - Tu attends quelqu'un, ma chérie ?

SUZETTE - Oui… c'est-à-dire… non…

VALENTINE - C'est oui ou c'est non ? Il y a pourtant quelqu'un à la porte… Voyons, va ouvrir !

Elle s'exécute sans enthousiasme.

AGNÈS ET BRIGITTE *(en chœur, off)* - Bonne fête Suzette !

A ce moment, Pepito sursaute dans son sommeil.

PEPITO *(criant)* - Caramba ! Una fiesta, que fiesta ? *(Il retombe endormi.)*

Les trois femmes entrent. Brigitte et Agnès, occupées à parler à Suzette, ne voient ni Valentine ni Pepito.

SUZETTE *(se forçant manifestement)* - Mes chéries, quelle bonne surprise ! C'est gentil de ne pas avoir oublié ma fête ! *(Au public.)* Ouf, ce n'est pas Hervé !

BRIGITTE - Tu penses, une amitié qui dure depuis la maternelle c'est sacré ! Tu te souviens comment on nous appelait à l'école, Agnès, Charlotte, toi et moi ?

AGNÈS - Les Chochottes !

SUZETTE - Comme le temps passe ! Au fait, je me demande ce qu'est devenue Charlotte, il y a des années que je n'ai pas eu de ses nouvelles. *(A Brigitte.)* Mais, comment se porte la Justice, madame le juge d'instruction ?

BRIGITTE *(très en forme)* - Mon bureau croule sous les dossiers, ma greffière fait une dépression nerveuse, mais moi, je vais très bien, je suis en vacances et je cherche un mec.

SUZETTE - De nouveau célibataire ?

AGNÈS - Le dernier en date a tenu dix jours.

BRIGITTE - Quinze ! Mauvaise langue.

SUZETTE *(à Brigitte)* - Tu les uses à une vitesse ! *(A Agnès qui porte son ventre fièrement.)* Ma petite Agnès, tu es en beauté, ça te réussit de faire un bébé toute seule ! Tu as beaucoup grossi depuis la dernière fois que l'on s'est vues, tu es enceinte de huit mois, c'est cela ?

AGNÈS *(qui se pavane)* - Non, seulement sept. Mon locataire n'arrête pas de bouger, il me fatigue, mais pour l'Académie française je supporte.

BRIGITTE - L'Académie française ? Que veux-tu dire ?

AGNÈS - Mais voyons, mon fils sera écrivain comme moi ! Et après avoir raflé tous les prix littéraires il viscra l'Académie... Immortel, quoi !

BRIGITTE - Mazette, on ne se refuse rien ! *(Curieuse.)* Au fait, tu as réussi à savoir qui était le donneur ?

AGNÈS - Pas encore. Je me suis arrangée avec une laborantine, elle pense qu'il s'agit d'un prix Goncourt. Elle va vérifier et doit m'appeler aujourd'hui sur mon portable pour confirmer.

VALENTINE - Quelles bavardes ! Et moi, et moi ? On ne m'a même pas vue ! On ne me dit pas bonjour, mes toutes belles ? *(Exclamations diverses et embrassades.)* Moi aussi, j'ai du nouveau. *(Elle va soulever le sombrero que Pepito a mis sur son visage.)* Mais attention, domaine réservé !

Elle secoue Pepito pour le réveiller. Sous-entendus, clins d'œil d'Agnès et de Brigitte, etc.

BRIGITTE *(moqueuse)* - Un nouveau fiancé ? Attention Valentine, je vais vous mettre en examen pour détournement de majeur !

VALENTINE - Je vous présente mon ami Pepito ! Ex-général mexicain. Pepito, voici Brigitte et Agnès, des amies de ma fille.

PEPITO *(bâille, pas vraiment réveillé)* - Don Jose Cristobal Alvarez Miranda y Cabeza de Vaca. *(Il baise la main des deux copines et il en fait le tour en exagérant les gestes.)* Caramba ! Qu'elles sont belles ! Sont-elles riches comme toi, querida ?

VALENTINE - Oh, Pepito !

BRIGITTE - Hum… hum… j'adore les latinos, ils me font rêver ! Je peux vous embrasser Pepito ? *(Elle lui saute au cou.)*

PEPITO *(charmé, se laissant faire)* - Señoras, buenos días. Yo ne pensais pas me trouver entouré par tant de jolies femmes ! *(Avec exagération.)* J'aime les Françaises, toutes les Françaises, je vous aime toutes, viva Francia !

AGNÈS - Il est très beau… un rien excessif peut-être, mais très beau. Mais c'est sûrement un affreux macho ! Tiens, ça me donne une idée, je vais rajouter un personnage exotique à mon roman ! *(Elle note quelques mots un carnet qu'elle sort de son sac à main.)*

BRIGITTE - Pepito, vous me plaisez beaucoup… et votre barbe, quel charme ! Je rêve tout le temps de Mexicains barbus ! Je peux vous donner mon numéro de téléphone ?

VALENTINE - Pas question, dès ce soir nous partons tous les deux pour Monaco, je vais l'éloigner des tentations de cette maison. Tu n'as pas honte, Brigitte ?

PEPITO *(suppliant)* - Querida, restons chez la Suzetta, c'est mieux !

BRIGITTE - Vous serez parti ce soir, chéri, mais avec qui ? Avec moi peut-être !

VALENTINE *(mi-fâchée)* - Tu plaisantes, j'espère ?

BRIGITTE - Hé ! hé ! Sait-on jamais !

SUZETTE *(intervenant)* - Bien sûr qu'elle plaisante !... Si on s'asseyait ?

AGNÈS - Ah, oui ! Asseyons-nous, je me sens lasse tout d'un coup, et mon ventre est si lourd… *(A Suzette.)* Au fait Suzette, prends ce paquet, c'est pour ta fête, de notre part à toutes les deux.

Elle sort un petit paquet plat de son sac et lui tend.

Noir

ACTE DEUX

SCÈNE 1

PEPITO, SUZETTE, AGNÈS, BRIGITTE, VALENTINE

Suzette, Valentine et Brigitte sont debout, Agnès est assise sur le canapé, Pepito s'agite.

AGNÈS - Poussez-vous un peu que je voie ce qui se passe !

BRIGITTE - Une seconde, Suzette n'en est encore qu'à l'ouverture du paquet.

Pepito sort une très grosse paire de ciseaux de sous son poncho et il essaie d'attraper le paquet, mais Valentine le repousse.

PEPITO - Yo… yo donne un coup de main… yo connais toutes les ficelles…

VALENTINE - Querido, de la discrétion, voyons ! Pousse-toi !

PEPITO - Aïe aïe aïe ! Querida ! *(Il essaie toujours de voir ce qui se passe.)*

BRIGITTE - Pepito, je vous adore, mais vous êtes impossible ! Allons dans ton bureau, Suzette !

AGNÈS - Et moi, je ne vais pas rester seule ? Pepito, aidez-moi ! *(Elle se lève péniblement aidée par Pepito.)* J'y vais aussi.

Elles vont toutes dans le bureau et ferment la porte au nez de Pepito. Déçu, il se balade sur scène, désoeuvré. On frappe à la porte d'entrée ; perplexe, il frappe, lui, à la porte du bureau.

PEPITO - Il y a quelqu'un qui frappe à la porte !

VALENTINE *(à travers la porte, se méprenant)* - On le sait, chéri, restes-y !

PEPITO - A la porte d'entrée !… *(Pas de réponse.)* Bueno, yo vais faire le concierge. *(Il quitte la scène.)*

SCÈNE 2

BERTRAND, CHARLOTTE, GALOPIN

La porte de la cuisine s'ouvre. Bertrand et Charlotte sortent, très gais. Bertrand porte un plateau.

CHARLOTTE - Excuse-moi chéri, je te rejoins tout de suite, j'ai tellement trinqué à notre amour qu'il faut que je passe par les toilettes. C'est où, déjà ?

BERTRAND - Dans la salle de bains, c'est cette porte-ci. *(Il lui désigne la porte de la salle de bains et il entre dans la chambre avec le plateau.)*

Charlotte ouvre la porte de la salle de bains au moment même ou Galopin sort avec ses tuyaux.

GALOPIN *(siffle en voyant Charlotte)* - Tiens, j' vous avais pas vue, vous ! Vous attendez aussi après l'eau chaude ? Faut pas être pressée, hein ! *(Au public, en confidence.)* Ça, c'est sûrement encore une femme qu'aime les bains !

CHARLOTTE *(stupéfaite)* - L'eau chaude ? Je ne comprends rien ! Qui êtes-vous ?

GALOPIN - J' suis l' plombier !

CHARLOTTE *(se précipitant à la porte de la chambre)* - Bertrand ! Bertrand !

GALOPIN *(tout en sortant du living)* - Ça s' voit pas que j' suis l' plombier ?

BERTRAND *(sortant à demi de la chambre, la bouche pleine)* - Oui, chérie ?

CHARLOTTE - Je te disais bien que nous n'étions pas seuls, il y a un plombier dans ta salle de bains.

BERTRAND - Un plombier ? C'est une blague ! Dépêche-toi, sans ça je mange tout.

CHARLOTTE - Viens voir !

BERTRAND *(qui rejoint Charlotte et ne voit personne)* - Tu as trop bu tout à l'heure !

CHARLOTTE - Je lui ai parlé… je t'assure ! Il m'a même demandé si j'attendais après l'eau chaude !

BERTRAND - Ton plombier, ce n'était pas plutôt une grosse bébête rose avec une trompe ? A force de goûter à toutes les bouteilles ! Allez, viens manger, après on fera dodo pour reprendre des forces.

CHARLOTTE - Tu as raison, j'ai peut-être rêvé ! Quelques secondes et j'arrive.

Bertrand rentre dans la chambre, Charlotte dans la salle de bains puis quinze secondes après dans la chambre. Elle a à peine refermé la porte que Galopin rentre en sifflotant, avec du matériel nouveau, et s'engouffre dans la salle de bains.

GALOPIN - Ça se corse !

SCÈNE 3

PEPITO, CONCHITA, GALOPIN, M. FACHOUX

Pepito et Conchita entrent dans le living.

CONCHITA *(pleurant)* - J'ai cassé la voiture de la señora ! Vous avez vu dans quel état elle est ? Je n'avais pas vu le feu rouge, je n'avais même pas vu de feu du tout, alors je suis rentrée dans la voiture qui passait et un imbécile m'a tamponné par-derrière ! Aïe aïe aïe ! La señora va me mettre à la porte ! J'étais si bien dans cette casa… Mais je ne vous connais pas, vous ?

PEPITO *(bombant le torse)* - Soy el querido de la señora Valentina.

CONCHITA - Mais vous n'êtes pas Giovanni !

PEPITO - Non, celui-là c'est le passé, il est parti avec la Ferrari, moi je n'ai pas encore choisi la marque de la voiture ! Je m'appelle Don José Cristobal Alvarez Miranda y Cabeza de Vaca, Pepito pour les señoras. Il y a encore trois semaines, j'étais le général en chef des guérilleros de la Sierra Madre, au Mexique, mais j'ai encore raté ma quinzième révolution contre le gouvernement et les autres ils ont voulu me fusiller pour la deuxième fois.

CONCHITA - Comment ça, pour la deuxième fois ?

PEPITO - La première fois, il y a cinq ans, quand ils ont tiré sur moi, la médaille de San José que je porte toujours sur le cœur m'a sauvé. Mon bon saint patron m'a protégé de leurs balles. *(Il embrasse la médaille.)* Mais cette fois-ci je leur ai échappé en me mêlant à un groupo de touristas. C'est comme ça que j'ai rencontré la señora Valentina. Elle a eu le coup de foudre et elle m'a ramené en Francia. Et moi, je l'ai suivie, car j'ai besoin de beaucoup de pesos pour ma prochaine révolution !

CONCHITA - Mais porque vous vous soulevez tout le temps contre le gouvernement ?

PEPITO - Porque je veux instaurer la justice et l'égalité pour tous au Mexique.

34

CONCHITA - Vous êtes comme mon grand-père qui s'est battu en Espagne contra Franco pendant la guerra civil. Moi, si j'étais Mexicaine, je me battrais avec vous !

PEPITO - Brave petite ! Je t'engage pour ma prochaine révolution.

CONCHITA ET PEPITO *(ensemble)* - El Pueblo unido jamás sera vencido !

CONCHITA - Oui, le peuple uni jamais il sera vaincu.

PEPITO - Mais toi, qui es-tu et que fais-tu ici ?

CONCHITA - Mon nom c'est Conchita, je suis l'employée de maison du señor et de la señora Tuillaux, mais plus pour longtemps je crois ! *(Elle pleure.)*

PEPITO *(qui essaie de la consoler, sort un immense mouchoir de sous son poncho et lui tend)* - Señorita, pas de problème ! Valentina, je te l'ai dit, elle a muchos pesos, elle va acheter plein de voitures.

CONCHITA - Je ne vois pas pourquoi elle ferait cela. La voiture cassée, elle est à la fille, pas à la mère ! Non, la señora va prendre cela sur mes gages et j'en aurai pour toute la vie à rembourser… Vous pensez, une Porsche !

PEPITO - Caramba, une Porsche !… Et tu étais toute seule dedans ?

CONCHITA - Oui, parce que quand je suis arrivée chez mon novio, il était avec une autre fille et il m'a dit qu'il ne voulait plus me voir ! Il ne m'aime plus ! Je crois que c'est pour ça qu'en repartant, je n'ai pas fait attention. *(Elle pleure très fort.)*

GALOPIN *(qui sort à demi de la salle de bains)* - S.O.S Jefaitou, y a des fuites ? Je peux faire quelque chose pour vous ma belle ?

CONCHITA - C'est une armée de mécanos qu'il me faudrait ! Vous êtes qui, vous ?

GALOPIN - J' suis le plombier, ça se voit pas ? Galopin, Félix pour les demoiselles. Je n'ai pas de mécanos, par contre j'ai des tuyaux en rab… Non ? Bon ben, je retourne démonter la baignoire.

PEPITO - Attendez, hombre, si on buvait un coup de tequila pour lui redonner le moral à la señorita ?

GALOPIN - C'est pas de refus, mais vite fait, parce qu'après la baignoire, il faut que je démonte le lavabo.

CONCHITA - Et la señora, elle est où ?

PEPITO - La Suzetta ? Ici… *(Il montre le bureau.)*… avec Valentina et les copines qui sont venues pour sa fête !

CONCHITA - Oh là là ! Et l'ami de la señora, il est ici également ?

GALOPIN - Quel ami ? Moi je n'ai vu qu'une nana en petite tenue qu'était pas la patronne. *(Il boit et pose le verre.)* Merci, hein, j'y retourne. *(Il repart dans la salle de bains.)*

CONCHITA - Une nana en petite tenue… Je ne comprends plus rien…

PEPITO - Conchita, j'ai le ventre vide et tu as besoin de te réconforter. Puisque tu es de la maison, tu pourrais peut-être nous trouver de quoi manger ? J'ai faim !

CONCHITA - Bien sûr, le réfrigérateur est plein et il y a même du champagne au frais. Señor Pepito venez avec moi à la cuisine, je verrai la señora bien assez vite !

Ils vont dans la cuisine.
Dès que la scène est vide, M. Fachoux rentre affolé et va vers la salle de bains.

M. FACHOUX - Monsieur le plombier, pouvez-vous venir m'aider ? Ma femme est montée sur le toit pour réparer la gouttière et elle risque de passer à travers !

GALOPIN - Comment ça, à travers la gouttière ?

M. FACHOUX - Non, à travers le toit ! Venez vite, j'ai peur que ça craque !

GALOPIN - C'est que j'ai du boulot, moi ! Vous avez peur pour le toit ou pour votre femme ?

M. FACHOUX *(piteux)* - Ben, le toit, on l'a refait l'année dernière, alors j'aimerais mieux qu'on refasse ma femme. Le modèle en dessous, point de vue poids, et question caractère, de la douceur : j' suis une petite nature, moi, faut me parler gentiment, autrement ça m' déprime.

GALOPIN - Bon, on va voir c' qu'on peut faire, la patronne ici a l'air d'être occupée à autre chose. Vous avez de la chance que j' vous aie à la bonne !

Ils sortent tous les deux.

SCÈNE 4

BRIGITTE, AGNÈS, VALENTINE,
SUZETTE, PEPITO, CONCHITA, M. FACHOUX

Brigitte et Agnès sortent du bureau. Agnès ne semble pas très en forme.

AGNÈS - J'étouffais de chaleur dans le bureau, merci de m'accompagner. Ah, j'ai cru que j'allais m'évanouir ! *(Elle s'écroule sur le canapé.)*

BRIGITTE - Je vais te chercher un verre d'eau fraîche. *(Elle va à la cuisine et en revient avec un verre.)* Je ne sais pas ce qui se passe à la cuisine, j'y ai trouvé Pepito et Conchita.

AGNÈS - Conchita ?

BRIGITTE - Mais oui, souviens-toi, c'est l'employée de Suzette ! Elle pleure à chaudes larmes et Pepito la console d'un peu trop près… Quel séducteur celui-là ! A mon avis, Valentine ferait bien de se méfier… Mais je n'ai rien compris à leur conversation.

AGNÈS - Comment ça, tu n'as rien compris ?

BRIGITTE - Ils parlaient tous les deux en espagnol, tiens ! En plus, c'est tout juste s'ils m'ont vue… Au fait, tu me disais t'être arrangée avec une laborantine, j'espère que tu ne t'es pas mise en travers de la loi ?

AGNÈS - Oh, je t'en prie, ne fais pas ta juge ! Tu es en vacances, non ? D'abord, je suis allée dans un établissement privé. Parlons plutôt de mon roman que j'ai commencé… tiens, il y a tout juste sept mois.

BRIGITTE - Ma petite, tu n'auras pas le temps de le terminer ce roman, je le sens !

AGNÈS - Ça ne va pas ? J'ai encore deux mois devant moi !

BRIGITTE - Sois gentille, fais-nous une fille et je serai sa marraine.

AGNÈS - Je ne sais pas encore si c'est un garçon ou une fille, car je n'ai pas voulu d'échographie, mais une amie qui est médium m'a assuré que ce serait un garçon. D'ailleurs, je n'ai choisi qu'un prénom de garçon.

BRIGITTE - Lequel ?

AGNÈS - Secret !

BRIGITTE - Ah, ces célibataires qui veulent un enfant sans s'encombrer d'un mari ! Et tu ne devrais pas te déplacer sans quelques effets pour toi et le bébé, en cas d'urgence.

AGNÈS - Mais Brigitte, j'ai largement le temps ! *(Elle boit.)* Ah, l'eau fraîche m'a fait du bien. *(Un temps.)* Cependant j'ai un de ces mal de tête !

BRIGITTE - Un comprimé d'aspirine et un gant de toilette bien froid sur le front, il n'y a rien de tel. Je vais voir si je trouve cela dans la salle de bains.

AGNÈS - Merci Brigitte, tu es une mère pour moi.

Brigitte va dans la salle de bains et en ressort après un court instant.

BRIGITTE - Il y a un de ces bazars là-dedans ! Je n'ai pas trouvé d'aspirine, je vais aller voir dans la chambre. *(Elle esquisse un pas en direction de la chambre.)*

AGNÈS *(qui soudainement se tord et la retient)* - Non, ça ne fait rien, ne me laisse pas, viens près de moi, je me sens vraiment bizarre, j'ai l'impression d'avoir comme des contractions… Mais c'est impossible, je n'accouche pas avant deux mois ! *(La main sur le ventre.)* Tu entends, bébé, ce n'est pas le moment !

BRIGITTE - Tu sais que c'est très fréquent les accouchements avant terme !

AGNÈS - Comme si tu y connaissais quelque chose ! Tu n'as pas d'enfant ! Non, il me reste deux mois. Mon roman d'abord. Cette année, je veux décrocher le Prix Femina… *(Au même moment, elle laisse échapper un gémissement.)*

BRIGITTE - Ma petite Agnès, je trouve que tu fais preuve d'une grande légèreté ! Et lorsque tu auras accouché, tu as pensé à la suite ? J'ai une amie qui s'est mise à chercher une nourrice dès qu'elle a su qu'elle était enceinte, il lui a fallu six mois et quatre-vingt dix coups de téléphone avant de trouver la perle rare. J'ose espérer que tu as retenu une nounou sérieuse ?

AGNÈS - Madame la juge, pas de pessimisme, j'assume ! *(Puis, comme une évidence.)* Et puis, il y a ma mère ! *(Elle grimace de douleur encore une fois.)*

BRIGITTE - Fameuse ton idée ! On veut un enfant mais on compte sur sa mère pour s'en occuper !

> *Valentine et Suzette sortent du bureau. Suzette a revêtu le cadeau de ses copines (une nuisette). C'est exactement la même que celle de Charlotte.*

VALENTINE - Alors Agnès, ça va mieux ?

AGNÈS - Bien sûr, ce n'était qu'un petit malaise. Rendez-vous dans deux mois. *(A Suzette.)* Suzette, tu es magnifique dans cette tenue !

Suzette - Merci les copines. Mais je préférerais que tu n'accouches pas chez moi, Agnès, s'il te plaît !

Valentine - J'ai soif d'eau fraîche moi, pas vous ? Je vais à la cuisine…

Brigitte - Attendez, Valentine ! Je vais y aller pour vous… *(Mais celle-ci est déjà à la porte.)* Oh là là !

Valentine, à l'entrée de la cuisine, pousse une exclamation.

Valentine - Conchita, qu'est-ce que vous faites dans les bras de Pepito ?

Suzette *(stupéfaite)* - Conchita ?

Redoublement des pleurs de Conchita.

Pepito *(off)* - Querida, yo vais t'expliquer la situation…

Ils rentrent tous les deux dans le living, poussés par Valentine.

Valentine - Je t'écoute.

Pepito - Je consolais Conchita qui a un gros problème.

Suzette *(vivement)* - Conchita, je vous croyais à Deauville avec votre fiancé et vos amis !

Conchita *(pleure de nouveau)* - Il ne m'aime plus, il aime une autre fille, je suis si malheureuse ! Et la señora ne sait pas encore…

Pepito *(qui intervient)* - Pas de problème Conchita, la Suzetta, elle est riche, elle va acheter une autre voiture !

Suzette - Une autre voiture ? *(Sévère, à Conchita.)* Conchita, où est ma Porsche ?

Conchita *(pousse un gémissement)* - Elle est toute cassée !

Suzette - Mon Dieu ! Que va dire Bertrand lundi soir ?

Brigitte - Mais Suzette, pourquoi Conchita avait-elle ta voiture ?

Suzette *(gênée)* - Je… c'est-à-dire…

A ce moment, M. Fachoux rentre en courant, tout essoufflé.

M. FACHOUX - Excusez-moi, m'sieurs-dames, le plombier n'arrive pas à faire descendre ma femme du toit, j' viens chercher du renfort.

Étonnement général.

BRIGITTE - Votre femme est sur le toit ? Mais que fait-elle sur le toit ? C'est très dangereux !

PEPITO *(qui sort un lasso de sous son poncho)* - J'y vais, hombre ! Caramba ! C'est sûrement pas plus difficile que d'arrêter une vaca en pleine course !

Il sort en courant suivi de M. Fachoux.

VALENTINE - Allons-y, j'ai envie de voir cela.

Suzette hésite à cause de sa tenue.

SUZETTE - Tant pis, j'y vais comme je suis.

BRIGITTE - Il faudrait peut-être mieux appeler les pompiers ?

AGNÈS *(qui se relève péniblement, aidée par Brigitte)* - Attendez-moi, je ne veux pas manquer cela !

Toutes sortent, sauf Conchita qui s'assoit sur le canapé et continue de pleurer.

SCÈNE 5

BERTRAND, CONCHITA, CHARLOTTE, PEPITO

La porte de la chambre s'ouvre. Bertrand sort en chantonnant : « Nuit de Chine, nuit câline, nuit d'amour… » et, stupéfait, aperçoit Conchita. Charlotte, qui allait le suivre, reste à la porte et écoute. Conchita aperçoit son patron.

CONCHITA *(ébahie, puis catastrophée)* - Señor Tuillaux, vous êtes déjà revenu de Suisse ? Et toujours le caleçon ?

BERTRAND *(embarrassé, mais glacial)* - Mes faits et gestes et ma tenue vestimentaire ne vous regardent pas, Conchita. Et d'abord, qu'est-ce que vous faites là ? D'après ma femme, vous deviez aller chez votre cousine !

CONCHITA - J'ai pas pu, à cause de la varicelle…

BERTRAND - Vous avez la varicelle, vous ?

CONCHITA - Non, pas moi, les enfants de ma cousine ; c'est pour ça que la señora m'a prêté la voiture…

BERTRAND - La voiture ? Qu'est-ce que c'est que cette histoire ? Ma femme est partie chez sa mère jusqu'à lundi soir avec la Porsche.

CONCHITA - Le señor ne sait pas tout…

BERTRAND - Ce que je sais Conchita, c'est que vous allez me faire le plaisir de vous trouver un point de chute pour ces trois jours comme c'était prévu. J'ai beaucoup de travail et je veux être seul dans la maison.

CONCHITA - Je ne peux plus partir, mon petit ami ne m'aime plus et j'ai cassé la voiture.

BERTRAND - Vous délirez, Conchita ! Vous avez une voiture, vous ?

CONCHITA - Non, pas moi, vous señor Tuillaux ! Et encore, plus maintenant, parce que je l'ai cassée ! *(Elle pleure.)*

BERTRAND - Vous avez cassé quoi ? Cessez de pleurer et expliquez-vous calmement.

CONCHITA - La señora m'a prêté la voiture pour rejoindre mes amis à Deauville avec mon novio, mais quand je suis arrivée chez lui, je l'ai trouvé avec une autre fille ! Il ne m'aime plus ! *(Elle pleure plus fort.)* Et en revenant ici, j'ai pas fait attention, j'ai eu un accident et la voiture est toute cassée.

BERTRAND - Madame vous aurait prêté notre voiture ? Impossible ! Et comment est-elle partie chez sa mère, hein ? A pied ?

CONCHITA *(qui réfléchit au moyen de s'en tirer)* - Si le señor me promet que je ne paie pas la réparation de la voiture je dis tout !

BERTRAND - Du chantage ? Expliquez-vous d'abord, on verra si ce que vous allez me raconter en vaut la peine, allez-y !

CONCHITA - La señora, elle n'est pas partie. La madre elle est revenue du Mexique aujourd'hui avec le général Pepito, les amies elles sont là toutes les deux, et dans la salle de bains il y a aussi le plombier qui répare l'eau chaude, et voilà !

Bertrand reste ébahi, sans rien dire. A ce moment, n'y tenant plus, Charlotte s'avance.

CHARLOTTE - Tu vois, chéri, je n'étais pas ivre, j'avais bien vu un homme dans la salle de bains.

CONCHITA *(étonnée)* - Qui c'est la señora en chemise ?

BERTRAND *(bafouillant)* - C'est une… une… urgence, une affaire de… de… coeur.

CONCHITA - Forcément, le señor il est cardiologue… Mais la señora sort de la chambre à coucher ! Ah, je comprends tout ! La señora est la maîtresse du señor Tuillaux !

CHARLOTTE - Oh ! c'est trop fort ! Cette fille est d'une impertinence ! Chéri, tu es vraiment obligé de donner des explications à ta domestique ?

BERTRAND *(s'énervant)* - C'est vrai ça ! Conchita, dites-moi, où est donc passé tout ce monde dont vous me parlez ? Je ne vois personne, moi ! *(Et, ce faisant, il ouvre les portes du bureau et de la cuisine.)*

CHARLOTTE *(qui va voir dans la salle de bains)* - Il n'y a personne ! Et pourtant cet homme m'a demandé si j'attendais après l'eau chaude. Pour un peu il m'aurait proposé de prendre un bain !

CONCHITA - La maison est vide, ils sont tous partis voir la voisine qui est passée à travers le toit de sa maison.

CHARLOTTE - Vraiment, cette fille ne manque pas d'imagination !

CONCHITA *(têtue)* - Si je paie la réparation de la voiture, je raconte tout à la señora !

CHARLOTTE - Elle insiste, tu devrais peut-être l'écouter. Suppose qu'elle le fasse, et alors, que devenons-nous ? Tu imagines le scandale ! Mon mari est jaloux comme un tigre… et toi qui es le cardiologue du président de la République !

BERTRAND - Nous avons le temps d'aviser…

CONCHITA *(butée)* - Non, je dis tout à tout le monde, et tout de suite, la señora, la madre, les copines, le plombier, le voisin…

> *Elle se précipite vers la sortie, mais se fait rattraper par Bertrand.*

BERTRAND - Voyons, Conchita, on peut s'entendre… Vous ne paierez pas la réparation, voilà !

CONCHITA *(sans réfléchir)* - Alors je ne dirai pas au señor que la señora elle attend son amant, qui doit venir ici comme d'habitude quand le señor Tuillaux il est en congrès… Oh !

BERTRAND - Qu'est-ce que vous avez dit ?

CHARLOTTE - Elle vient de dire que tu es cocu ! *(Elle rit.)*

BERTRAND *(furieux)* - Ne ris pas, d'ailleurs ton mari aussi l'est, cocu !

CHARLOTTE - Je m'en moque ! C'est son problème, pas le mien ! *(Elle rit de plus belle.)*

BERTRAND *(de plus en plus furieux)* - Moi, cocu ? Ici, c'est moi le mari cocu et ce n'est pas risible !

CHARLOTTE - Mon pauvre amour ! *(Elle rit de plus belle.)*

BERTRAND *(furieux)* - Oui, bon ! J'aurai une explication plus tard avec ma femme. En attendant, que faisons-nous ?

CHARLOTTE - Oui, que faisons-nous ? Allons-nous attendre que tout le monde revienne ?

BERTRAND - Ne dis pas n'importe quoi, la seule chose qui compte, c'est de se rhabiller au plus vite. Allons chez toi puisque ton mari ne peut pas quitter la clinique…

CHARLOTTE - Chez moi ? Tu n'y penses pas ! Et les voisins ?

CONCHITA - De toute façon, vous ne pouvez pas partir, ils sont tous dans la cour !

A ce moment, on entend des bruits de voix, dont celle de Pepito.

PEPITO *(off)* - La señora Facho es muy gorda ! Como la vaca : j'ai eu beaucoup de mal à la descendre du toit.

Panique de Bertrand et de Charlotte ; Conchita prend les choses en main.

CONCHITA - Vite, entrez dans la cuisine, je vais me débrouiller pour que personne n'y aille.

Ils obéissent.

PEPITO *(rentrant)* - Vite, un poquito de tequila !

SCÈNE 6

SUZETTE, GALOPIN, CONCHITA, PEPITO, VALENTINE, AGNÈS, BRIGITTE, MME FACHOUX, M. FACHOUX

Les comédiens rentrent à la suite de Pepito.

SUZETTE - Monsieur Galopin, j'ai un besoin urgent de ma salle de bains. C'est bien gentil de dépanner les voisins, mais il serait peut-être temps de penser à moi, j'attends toujours !

GALOPIN *(à Suzette)* - J'en ai encore pour dix minutes. *(Au public.)* Ah, les femmes qui prennent des bains, quelles enquiquineuses! Et je vous parle pas de celles qui prennent des douches ! Bon, j'y vais.

Tout le monde s'installe.

CONCHITA *(en aparté à Pepito)* - Il y a un problème, aide-moi : personne sauf moi ne doit aller dans la cuisine.

PEPITO - Que hay ?

CONCHITA - Le señor Tuillaux y est avec sa querida et la señora Tuillaux ignore tout.

PEPITO - Caramba, quelle histoire ! Ce n'est pas sérieux ! Pauvre Suzetta.

CONCHITA - Il ne faut pas la plaindre : elle aussi elle a un querido et elle l'attend.

VALENTINE *(qui entend et comprend quelques mots)* - Querido, querida, que signifie cette conversation ? Que mijotez-vous tous les deux ? Conchita, allez donc à la cuisine et préparez-nous quelque chose à manger puisque vous êtes revenue, n'est-ce pas Suzette ?

SUZETTE *(qui voudrait bien se débarrasser de tout le monde)* - Je n'avais pas prévu… c'est-à-dire… si nous allions plutôt déjeuner au restaurant ? Il y en a un excellent tout près, « Le Relais du Roy ». Vous n'avez qu'à partir devant, je vous rejoindrai quand je serai prête.

VALENTINE - Et pourquoi pas, c'est vrai que tu me sembles un peu débordée. Pepito sera ravi de goûter à la gastronomie française. Ça te va, querido mi amor ?

PEPITO *(qui lit un journal tiré de sous son poncho)* - Que ?

BRIGITTE - Allons-y, ça me plaît, je vais souvent dans ce restaurant avec mes collègues du Tribunal. Le maître d'hôtel est un beau brun aux yeux bleus, je ne vous dis pas l'effet qu'il fait à toutes les femmes ! Moi, c'est bien simple, il me chavire autant que Pepito… Agnès, tu viens ?

A ce moment, Agnès pousse un gémissement appuyé.

AGNÈS - Ah, je ne pourrai pas, mon malaise me reprend ! Je pense qu'il vaut mieux que je reste allongée. Partez sans moi, de toute façon je n'ai pas très faim… par contre j'ai toujours soif.

SUZETTE - Rester chez moi toute seule, tu n'y penses pas !

BRIGITTE - Non, tout le monde va au restaurant ou alors personne, nous n'allons pas te laisser. Je retourne à la cuisine te chercher un verre d'eau.

Pepito - Pas la cocina ! *(Il se précipite et se met devant la porte de la cuisine.)* Chez moi, quand les femmes enceintes ont des douleurs, on leur donne de… la tequila et ça arrange tout. *(Il sert un verre.)*

Brigitte - De l'alcool à une future mère ? Vous n'y pensez pas ! Vous savez ce que l'on dit chez nous, Pepito ? « Quand les parents boivent, les enfants trinquent ! »

Pepito, qui s'apprêtait à tendre le verre à Agnès, le vide d'un trait.

Pepito - Alors, à la santé du muchacho qui va venir !

Suzette - Tu ne peux pas faire un effort, Agnès ? Le restaurant, c'est vraiment la solution ! Si seulement vous vous étiez annoncées, j'aurais dit à Her… *(Elle se rattrape.)*… enfin, j'aurais changé mes projets.

Conchita - Señora, je propose…

Valentine *(impérative)* - A la cuisine, Conchita, et préparez-nous quelque chose, je meurs de faim !

Conchita - Justement, si je vous servais dans le jardin señora ?

Suzette - Vraiment, le restaurant…

Valentine - Excellente idée le jardin, à l'ombre sous les arbres, nous y serons très bien.

Brigitte - Et on mettra une chaise longue pour Agnès…

Conchita rentre dans la cuisine, contente d'avoir trouvé un moyen pour éviter que quelqu'un ne s'y rende. M. Fachoux entre en courant dans le living, il semble terrorisé.

M. Fachoux - Au secours ! Ma femme me poursuit, elle veut me tuer ! *(Il se cache à demi derrière Pepito.)*

Pepito - Caramba ! Je suis général moi, je sors mon pistolet, hombre, et je te défends. *(Il sort un pistolet de sous son poncho.)*

Valentine - Pepito, nous ne sommes pas au Mexique !

SUZETTE - Et ce n'est pas un moulin ici, monsieur Fachoux ! J'aimerais bien que vous alliez régler vos ennuis domestiques ailleurs !

BRIGITTE - Attention Suzette, non-assistance à personne en danger, c'est la correctionnelle, ça va chercher dans les…

A ce moment Mme Fachoux entre, furieuse. C'est une grosse femme mal fagotée et vulgaire.

MME FACHOUX - Où qu'il est c' bon à rien ? Il m'a brûlé mon plus beau chemisier en le repassant, alors je lui fous une torgnole ; je le mets à faire la vaisselle de la semaine, il me casse un saladier que j'avais rapporté de Maubeuge ! C'est-y pas malheureux ! Alors là, j' le tue !

Tous se rassemblent pour mieux cacher le pauvre M. Fachoux.

SUZETTE - Madame, je vous prie de sortir, vous n'avez pas le droit…

MME FACHOUX - Pas le droit de quoi ? Je sais qu'il est là. *(Gémissement de peur de M. Fachoux, Mme Fachoux bouscule les uns et les autres, attrape son mari par l'oreille et l'entraîne vers la sortie.)* Allez viens Anatole, t'as encore les casseroles à récurer ! *(Elle se heurte au plombier sorti de la salle de bains.)* Oh, monsieur Félix, v'nez donc chez nous prendre une p'tite crème de cassis quand vous aurez fini chez les bourges.

GALOPIN - C'est pas d' refus, j'aime les femmes qu'ont du caractère, moi. Et puis des fois, si vous avez quèque chose à dépanner…

MME FACHOUX - Ça tombe bien, les cabinets sont bouchés… faut pas d'mander par qui, hein, Anatole ?

GALOPIN - Ce s'ra avec plaisir, mâme Fachoux, j' viens tout d' suite. *(Il rentre dans la salle de bains.)*

Mme Fachoux sort, entraînant son malheureux mari. Les autres suivent pour aller dans le jardin.

SCÈNE 7

BRIGITTE, PEPITO, VALENTINE

Pepito s'est attardé sur scène et se verse un verre de tequila. Brigitte, qui était sortie, revient sur ses pas.

BRIGITTE - Pepito, enfin je te trouve seul, quelle chance pour moi !

PEPITO - Et pourquoi, señora Brigitta ?

BRIGITTE - Tu sais mon chéri, j'ai toujours été attirée par les Méditerranéens… non… non… je voulais dire les Mexicains… Tu vois à quel point tu me troubles !

PEPITO *(titubant légèrement)* - Oh, señora, que yo suis flatté !

BRIGITTE - Tu me plais Pepito, j'ai le coup de foudre ! Tu es grand, tu es fort, tu es beau… J'adore les hommes en uniforme ! Tu devais être magnifique dans ton habit de général, toutes les femmes devaient te tomber dans les bras !

PEPITO *(qui se rengorge)* - Bien entendu ; et je peux vous avouer Brigitta que vous êtes une señorita comme je les aime, mais il y a la Valentina de mi corazón, elle est mucho jalouse ! Elle est plus vieille que vous, mais elle a muchos pesos !

BRIGITTE - Pepito chéri… *(Elle le pousse sur le canapé et s'assoit sur ses genoux.)* Je suis loin d'être pauvre tu sais, et je pars en vacances demain dans ma villa de Cannes, au-dessus de la Croisette. Viens avec moi mon beau général, ne pars pas avec Valentine, tu ne le regretteras pas !

PEPITO - Oh là là là là ! Caramba ! Tu me plais mucho mucho, mais la Valentina elle m'emmène à Monaco…

BRIGITTE - Tu sais, Monaco, c'est tout près de Cannes par l'autoroute quand on possède une voiture rapide.

PEPITO - Alors, querida, dès demain je demande mon cadeau à Valentina, un coupé Mercedes muy rapido, et je viens te retrouver la nuit, quand elle dort.

BRIGITTE - Tu me plais de plus en plus Pepito ! Embrasse-moi et au diable Valentine !

A ce moment, Valentine rentre et ne les voit pas tout de suite.

VALENTINE - Pepito mi amor, où es-tu ?

PEPITO *(qui sursaute et repousse Brigitte)* - Estoy aquí querida, que quieres ?

VALENTINE *(qui les voit ensemble)* - Mais Brigitte, que fais-tu là seule avec Pepito ? Je n'aime pas ça du tout !

PEPITO *(se lève en titubant et s'accroche au cou de Valentine)* - Valentina querida mia, te quiero !

VALENTINE - Pepito, tu choisis : c'est Brigitte, Conchita ou moi, mais pas les trois à la fois !

PEPITO - Mais toi, Valentina, toi ! *(Il lui baise les mains.)*

BRIGITTE *(hypocrite)* - Valentine, on peut bien plaisanter !

VALENTINE - Hum… oui, alors venez plaisanter avec nous dans le jardin.

Elle sort la première tandis que Pepito fait un clin d'oeil appuyé à Brigitte. Ils sortent.

SCÈNE 8

CONCHITA, BERTRAND, CHARLOTTE, PEPITO, SUZETTE

Conchita sort de la cuisine avec un plateau garni. Elle fait le tour du living du regard et pose son plateau.

CONCHITA *(appelant)* - Señor Tuillaux ! Señora ! Vite, il n'y a personne, la señora Suzetta elle a emmené tout le monde dans le jardin, profitez-en !

CHARLOTTE - Qui est Suzetta ?

BERTRAND - Suzette ? C'est ma femme.

CHARLOTTE - Tiens, c'est drôle, j'ai eu une amie d'enfance qui s'appelait ainsi, nous étions très liées avec deux autres filles, on nous appelait même les « Chochottes ».

BERTRAND - « Chochottes » ? C'est curieux, il me semble avoir entendu une histoire semblable, mais où et quand, ça ne me revient pas ! Bon, allons récupérer nos vêtements et nos bagages et filons.

CHARLOTTE - Tu oublies qu'ils sont tous dehors ! Et même si nous réussissons à partir en douce, où irons-nous sans voiture ?

BERTRAND - Une fois dans la rue, nous appellerons un taxi avec mon portable.

Pepito rentre venant du jardin, visiblement éméché. Il regarde Charlotte, étonné.

PEPITO - Suzetta, comment tu fais pour être à deux endroits à la fois ?

CHARLOTTE - Quel est cet hurluberlu ?

CONCHITA - C'est le querido à la madre de la señora, elle l'a ramené du Mexique.

CHARLOTTE - Il est ivre, il me prend pour ta femme !

BERTRAND - Ça vaut mieux, il est dans un tel état qu'on ne l'écoutera pas s'il parle de nous.

PEPITO *(s'approche de Charlotte)* - La Valentina, elle me surveille et la Brigitta elle veut m'emmener avec elle, mais moi, Suzetta, je suis tombé amoureux de toi dès que je t'ai vue… Je vais t'emmener avec moi dans mon pays et refaire la révolution, je redeviendrai le célèbre général Don José Cristobal Alvarez Miranda y Cabeza de Vaca, et je te donnerai de l'or, des bijoux…

CHARLOTTE *(à Bertrand)* - Charmant, bientôt ta femme va collectionner les amants ! *(A Pepito.)* Mon cher, je ne m'appelle pas

Suzette, mais Charlotte, et je vous prie de ne plus m'adresser la parole !

A ce moment, on entend la voix de Suzette qui appelle Conchita. Bertrand et Charlotte, affolés, retournent dans la cuisine et Conchita, son plateau en main, se dirige vers la sortie. Pepito reste seul en scène, déconfit.
Suzette vient à la rencontre de Conchita.

SUZETTE - Ça traîne Conchita, dépêchez-vous ! On vous attend dans le jardin ! Et ne badinez pas avec Pepito ou vous allez subir les foudres de ma mère.

CONCHITA - J'y vais, señora.

PEPITO *(qui prend une mine effarée et roule des yeux)* - Suzetta, mi corazón, tu es une sorcière, tu disparais prrt… tu réapparais prrt…

SUZETTE - Que racontez-vous Pepito ? Il me semble que vous avez sérieusement abusé de la tequila et je me demande s'il est bien judicieux que vous vous joigniez à nous pour l'apéritif. Valentine vous réclame, venez !

PEPITO - Suzetta, querida, te quiero !

Suzette éclate de rire et sort. Pepito la suit, suppliant.

ACTE TROIS

SCÈNE 1

Tous sont en scène sauf Conchita, Mme Fachoux, M. Fachoux et le plombier qui est toujours dans la salle de bains. Agnès est allongée sur le divan. Pepito est de plus en plus éméché.

BRIGITTE - Finalement, ce repas improvisé chez toi Suzette aura été très sympathique et j'ai adoré les histoires de Pepito. Il raconte ses révolutions avec tellement de détails pittoresques ! Quand je pense qu'il a failli se faire fusiller deux fois…

AGNÈS - … Et qu'il a survécu à quatorze attentats !

VALENTINE - N'oubliez pas la dose de poison, suffisante pour tuer un cheval, qu'on lui fit avaler de force – n'est-ce pas querido ? – et qui te rendit à peine malade.

PEPITO *(voix pâteuse)* - Je suis l'homme le plus redouté par le gouvernement mexicain : j'ai organisé quinze soulèvements armés !

SUZETTE - Pourquoi quinze ?

PEPITO - Je les ai tous ratés. Mais je n'ai pas dit mon dernier mot ! Le seizième sera le bon.

BRIGITTE - Mon héros ! Il faut absolument que je vous prenne en photo. J'ai justement un appareil dans mon sac… Vous permettez Pepito ?

PEPITO - Impossible.

VALENTINE - Querido, moi, tu me laisseras bien faire un portrait de toi, j'ai un album dans lequel je collectionne tous mes... Enfin, tous ceux qui m'ont coûté cher... heu... été chers.

PEPITO - Personne ne doit connaître mon visage si je veux réussir mon prochain soulèvement.

AGNÈS - Quel homme mystérieux ! Je me demande si je ne vais pas reprendre entièrement mon roman et le transposer au Mexique, et je transformerai mon héros en guérillero... Pepito, que diriez-vous de venir chez moi quelques après-midi, vous raconterez vos exploits et je les enregistrerai ?

PEPITO - Impossible !

VALENTINE - Tu as raison querido, impossible. D'ailleurs je vous répète que nous partons pour Monaco ce soir !

A ce moment, le portable d'Agnès se met à sonner.

AGNÈS *(au téléphone)* - Allô... Oui, c'est moi... *(Les autres qui papotent la gênent.)* Excusez-moi trente secondes... *(S'adressant aux autres.)* Taisez-vous, c'est la laborantine, elle va me communiquer le nom du donneur, le père de mon enfant, quoi ! *(Elle reprend le téléphone.)* Excusez-moi, je vous écoute... Comment... Répétez... Gallo *(Réjouie.)* Max Gallo ? Ah non ! Galo... pin... *(Très fort.)* Félix Galopin ? *(Elle laisse tomber le téléphone.)*

A ce moment, comme un diable sortant de sa boîte, on voit le plombier sortir de la salle de bains.

GALOPIN - Félix Galopin, présent !

AGNÈS *(se redressant en se tenant le ventre)* - Le plombier ? Mais c'est une erreur, ce n'est pas possible, je ne veux pas de l'enfant d'un plombier ! Au secours, je ne veux pas accoucher !

BRIGITTE *(riant sous cape)* - Un plombier !

VALENTINE *(pareil)* - Adios l'Académie !

SUZETTE *(pareil)* - Plus de prix Goncourt !

PEPITO *(qui fume un gros cigare)* - Que pasa ? Yo no comprendo nada...

VALENTINE - Querido, je t'expliquerai. Va donc fumer sur la terrasse !

GALOPIN - Moi non plus, j' comprends rien !

AGNÈS *(furieuse)* - Vous n'avez pas besoin de comprendre, allez-vous en. *(Elle se tord de douleur.)* J'ai mal, les contractions me reprennent ! Je vous en prie, faites sortir cet homme, je ne supporte pas sa vue !

GALOPIN - Mais qu'est-ce qu'elle a, qu'est-ce que je lui ai fait ?

BRIGITTE - Auriez-vous un homonyme par hasard ?

GALOPIN - Un quoi ?

BRIGITTE - Un homonyme, quelqu'un qui s'appellerait comme vous ?

GALOPIN - Moi, j'ai pas de monyme comme vous dites, j' suis fils unique !

VALENTINE - Alors ma pauvre Agnès, j'ai bien peur que…

SUZETTE - Monsieur Galopin… *(A ce nom, Agnès pousse un cri de colère.)…* je vous prie de nous laisser et de finir votre travail au plus vite : vous m'aviez dit dix minutes il y a deux heures et j'attends toujours l'eau chaude pour prendre mon bain !

GALOPIN - Bon, bon, j'y vais. *(Au public.)* Ah, les femmes ! Et dire que je leur ai tant donné ! On m'y reprendra !

Tout le monde éclate de rire sauf Agnès et Pepito. Agnès a tous les symptômes d'un accouchement imminent.

AGNÈS - Ah !… Ah !… Je ne veux pas accoucher, je ne veux pas accoucher…

VALENTINE - Respire, respire calmement… *(Tout le monde se met à respirer de la même façon.)* Bon, j'ai l'impression que ça se précipite, nous ne pouvons pas la laisser ici. Suzette, on peut la transporter dans ta chambre ?

SUZETTE *(de mauvaise humeur)* - Evidemment ! *(Elle appelle.)* Conchita !

CONCHITA *(venant de la cuisine)* - Oui, señõra ?

SUZETTE - Allez changer les draps du lit dans ma chambre pour que nous puissions y allonger Mlle Agnès.

CONCHITA - Bien, señõra. *(Elle rentre dans la chambre.)*

SUZETTE *(à Agnès)* - Vraiment ma Chochotte, tu exagères, je t'avais demandé de ne pas accoucher chez moi !

VALENTINE - Mais c'est un beau cadeau qu'Agnès te fait pour ta fête, n'est-ce pas Brigitte ?

BRIGITTE - Tout à fait d'accord, et moi je veux assister à l'accouchement, j'ai hâte d'être marraine.

On essaie de faire lever et marcher Agnès qui gémit toujours de plus belle.

VALENTINE - Pepito, toi qui es si fort, aide-nous !

PEPITO - Bueno, je la porte facile, même avec le muchacho, elle est plus légère que la Mme Facho !

Il la soulève et ils entrent tous dans la chambre.

SCÈNE 2

SUZETTE, CHARLOTTE, BERTRAND,
BRIGITTE, VALENTINE, PEPITO

Un instant plus tard, Suzette ressort de la chambre.

SUZETTE - Je vais chercher des serviettes dans la salle de bains. *(Au public.)* Et avant cela, je vais encore essayer d'appeler Hervé.

Elle compose un numéro sur le téléphone du living en tournant le dos à la porte de la cuisine. A ce moment précis, Charlotte sort en catimini de la cuisine. Elle veut se diriger vers la salle

de bains mais apercevant Suzette, elle pousse un cri. Suzette
se retourne. Elles se regardent longuement.

SUZETTE *(très surprise)* - Ce n'est pas vrai, je rêve… C'est toi Charlotte ?

CHARLOTTE *(pareil)* - Suzette, c'est toi ? Ça alors !

SUZETTE ET CHARLOTTE - Ma Chochotte !

Elles tombent dans les bras l'une de l'autre, puis coup d'œil
sur les nuisettes, elles se tordent de rire.

CHARLOTTE - Oh ! c'est trop drôle ! On ne s'est pas vues depuis au moins vingt ans et on se retrouve toutes les deux au même endroit, dans la même petite tenue ! Ça nous change de nos chemises de nuit à la pension, tu te souviens ?

SUZETTE *(qui ne rit plus)* - Mais au fait, que fais-tu ici en nuisette, à deux heures de l'après-midi ?

CHARLOTTE - Je… c'est-à-dire… Eh bien, tu vois Suzette, je passe un week-end de rêve avec mon amant, en cachette de mon mari, mais nous croyions la maison vide. Mais toi-même, que fais-tu ici ?

SUZETTE - Comment ce que je fais ici, mais je suis chez moi !

CHARLOTTE - Oh ! chez toi, mais alors…

SUZETTE *(froidement)* - Parle-moi de ton amant !

CHARLOTTE - Tu ne peux pas le connaître, c'est l'associé de mon mari.

SUZETTE *(qui réfléchit)* - L'associé de ton mari, tiens ! Et ton mari est… ?

CHARLOTTE - Hervé Ramonat, cardiologue. Il est arrivé il y a quelques semaines à la clinique des Aubépines et il est devenu l'associé de…

SUZETTE - De Bertrand Tuillaux !

CHARLOTTE - Comment as-tu deviné ?

SUZETTE - Je te le répète, je suis chez moi Charlotte, ici c'est ma maison !

CHARLOTTE - Tu es… la femme de Bertrand ?

SUZETTE *(glaciale)* - Eh oui !

CHARLOTTE *(gênée)* - Ben ça alors, comme coïncidence !

SUZETTE *(de plus en plus glaciale)* - Tu vas voir qu'on va en trouver une autre !

CHARLOTTE - Ah bon, laquelle ?

SUZETTE *(ironique)* - Depuis ce matin, figure-toi que je téléphone à votre domicile et pas moyen d'avoir Hervé !

CHARLOTTE - Forcément, il est coincé à la clinique pour trois jours ! Mais… tu connais mon mari ?

SUZETTE *(déterminée)* - Ma chère Charlotte, si tu es la maîtresse de Bertrand, moi je suis celle d'Hervé.

Elles se regardent puis éclatent de rire, s'arrêtent de rire, et tout en s'injuriant s'envoient chacune une gifle.

CHARLOTTE - Toi, une amie de toujours !

SUZETTE - Je peux te retourner la phrase !

CHARLOTTE - Voleuse de mari !

SUZETTE - Traînée !

Les injures continuent et elles en sont à se battre lorsque Bertrand sort de la cuisine.

BERTRAND - Suzette ! Charlotte ! Arrêtez !

SUZETTE *(furieuse, désignant Charlotte)* - C'était elle ton congrès à Zurich et tes prétendus problèmes gastriques ?

CHARLOTTE - Voyons ma Chochotte, compte tenu des circonstances tu ne peux pas être jalouse ! Qu'est-ce que je dirais, moi alors ?

BERTRAND *(furieux, à Suzette)* - Tu devais aller chez ta mère !

SUZETTE - Eh bien je n'y suis pas allée, c'est elle qui a débarqué ici ce matin, et mes copines sont arrivées après pour me souhaiter ma fête. Quel contretemps, hein ?

BERTRAND *(de plus en plus furieux)* - Et tu peux me dire toi si je suis cocu ? Et si oui ou non Conchita a cassé ma Porsche ?

> *On entend Agnès crier très fort et à ce moment Brigitte sort de la chambre.*

BRIGITTE - Vite, un médecin ! Agnès a de plus en plus de contractions ! *(Apercevant Bertrand.)* Tiens, Bertrand, tu es là ! *(Elle lui saute au cou.)* Que fais-tu en caleçon ? *(Apercevant Charlotte et la reconnaissant.)* Mais je rêve ! Charlotte, pas possible ! C'est toi ? Après tout ce temps… On parlait justement de toi tout à l'heure ! Mais que fais-tu en nuisette ? A quoi jouez-vous tous ?

> *Nouveaux cris d'Agnès.*

VALENTINE *(qui sort de la chambre)* - Alors, ce médecin ? *(Apercevant Bertrand.)* Tiens, mon gendre en caleçon ! Ça vous va très bien Bertrand. *(Elle l'embrasse.)* Et qui est cette dame en nuisette ? C'est un défilé de lingerie ou quoi ?

BRIGITTE - Voyons Valentine, c'est Charlotte, la quatrième des Chochottes ! Elle et Suzette se ressemblaient tellement qu'il arrivait qu'on les prenne l'une pour l'autre.

VALENTINE - Mais oui, je te reconnais Charlotte ! Et vêtues de la même nuisette il est vrai qu'on vous confondrait presque. Mais que fais-tu ici ?

SUZETTE - C'est tout une histoire maman, je te la raconterai plus tard.

CHARLOTTE - Bonjour Valentine ! *(Elles s'embrassent.)* Vous n'avez pas changé depuis toutes ces années.

PEPITO *(de plus en plus imbibé)* - Caramba, je vois encore deux Suzetta ! Vite, un poquito de tequila ! *(Il va se servir.)*

BERTRAND *(désignant Pepito)* - Qui c'est ce type, que fait-il chez moi ?

VALENTINE - Mon cher gendre, je vous présente mon nouvel ami, Pepito, un général mexicain.

PEPITO *(bafouillant)* - Don José Cristobal Alvarez Miranda y Cabeza de…

BERTRAND - Ça va, ça va !… Ouf, je boirais bien aussi quelque chose !

PEPITO - Tout de suite, hombre ! *(Il sert deux verres.)* Salud.

On entend à ce moment des appels et des gémissements venant d'Agnès.

BRIGITTE - Mon Dieu, nous oublions Agnès ! Tu tombes à pic Bertrand, nous avons besoin d'un médecin, elle est en train d'accoucher.

CHARLOTTE - Agnès ici, enceinte et sur le point d'accoucher ? C'est une blague ?! Bertrand, qu'est-ce que tu attends, vas-y !

BERTRAND *(furieux et de mauvaise foi)* - Vous rêvez tous, là. Je ne suis pas obstétricien mais cardiologue et il est hors de question que je souffle une patiente à un confrère.

SUZETTE - Mais Bertrand, c'est mon amie Agnès et c'est une urgence !

BERTRAND - M'en fous, n'avez qu'à appeler le docteur Mioche, c'est son boulot, il fera ça très bien ! J'entrerai dans cette chambre simplement pour récupérer mon pantalon et ma chemise, point.

CHARLOTTE - Ce n'est pas que j'ai froid mais je m'habillerais bien aussi.

SUZETTE *(furieuse)* - Désolée, personne n'entre dans cette chambre s'il n'est pas décidé à nous aider.

CHARLOTTE - Moi, tu sais, mon diplôme en histoire de l'art m'a bien familiarisée avec les Nativités, mais elles étaient en peinture !

VALENTINE - Appelons ce docteur Mioche dont parle mon gendre !

BRIGITTE - C'est ton dernier mot, Bertrand ?

BERTRAND - Parfaitement, Brigitte ! C'est mon dernier mot !

Gémissements appuyés d'Agnès.

BRIGITTE - Bon, tu as le numéro, Suzette ?

SUZETTE - Non.

BRIGITTE - Bertrand ?

BERTRAND - Débrouillez-vous !

BRIGITTE - Eh bien, puis que c'est comme ça, aux grands maux les grands remèdes, j'appelle les pompiers.

Nouveaux cris d'Agnès. A ce moment, le plombier sort de la salle de bains avec son matériel et au moins un tuyau sous le bras.

GALOPIN - Ça y est, j'ai fini, l'eau chaude est rétablie ! Mais qui pousse des cris pareils ? On dirait une vache en train de vêler !

Personne ne répond, alors Pepito se dévoue.

PEPITO - C'est la copine de la Suzetta, Valentina elle m'a expliqué. Agnès elle a fait un bébé toute seule, mais le Saint-Esprit, c'est Galopin Félix ! Toi, hombre ! Ça s'arrose à la tequila.

GALOPIN - Ça alors ! C'est bien la première fois que mon esprit sert à ce genre de chose !

On entend Agnès crier.

SCÈNE 3
TOUS *sauf* AGNÈS

CONCHITA *(qui sort de la chambre)* - Oh là là ! On va entendre crier dans tout le quartier !

PEPITO - Je vais leur dire que c'est la señora Agnès qui fait le muchacho. Tout le monde va venir et faire la fête.

VALENTINE - Pepito, voyons, nous ne sommes pas au Mexique, un peu de discrétion.

On entend de nouveau Agnès : un cri prolongé.

BRIGITTE - Seigneur, c'est vrai ! Vite, le 18 !

GALOPIN *(qui s'interpose)* - Attention, s'il s'agit de mon p'tit c'est moi que j' décide. J' vais chercher Mme Fachoux, elle a eu plein d'enfants, et comme c'est qu'une affaire de tuyaux…

BERTRAND *(qui ne fait pas attention)* - Ah non ! J'ai dit que je ne voulais pas m'en occuper !

GALOPIN - Qu'est-ce qu'il dit ? J'ai pas compris ?

VALENTINE - Tuillaux ou tuyaux, nous n'allons pas en faire une histoire. Ta voisine, Suzette, c'est une excellente idée, et puisque ton mari fait la tête…

GALOPIN - J' vais la chercher la voisine. Pour mon gamin, elle f'ra bien ça.

BRIGITTE - Monsieur Galopin, officiellement, vous n'avez aucun droit sur cet enfant à naître, la loi dit…

GALOPIN - M'en fous, j' y vais. *(Il sort.)*

CONCHITA - La señora Faché, c'est une vraie mégère, mais c'est vrai qu'elle est un peu sage-femme, on en parle dans le quartier.

SUZETTE - Alors tant mieux. En attendant sa venue, si nous retournions auprès d'Agnès, nous, les femmes ? Les hommes restent ici.

CHARLOTTE - Oui, allons-y, je suis curieuse de la revoir, surtout dans un moment pareil.

BERTRAND *(toujours furieux)* - Je préfère quitter les lieux ! *(Il rentre dans le bureau.)*

Les femmes vont dans la chambre. Pepito reste seul, mais pas longtemps, car Galopin, suivi des Fachoux, revient.

SCÈNE 4

PEPITO, GALOPIN, M. FACHOUX, MME FACHOUX, CONCHITA

MME FACHOUX - J'veux bien rendre service, surtout à vous monsieur Galopin. Où qu'elle est la future mère ?

M. FACHOUX *(timidement)* - Gertrude, tu ne crois pas qu'il serait préférable de laisser faire le docteur ou les pompiers ? Souviens-toi la dernière fois…

MME FACHOUX - Tais-toi Anatole, c'est pas tes oignons. La dernière fois, c'est vrai, il a fallu charcuter un peu, y avait du raisiné partout, et puis la mère a failli y rester, mais l' gamin maintenant, c'est un sacré gaillard.

GALOPIN - J' vous fais confiance mâme Fachoux, et ramenez-moi un p'tit mâle, hein ?

PEPITO - Señora Facho, allez-y, je m'occupe du señor Facho.

MME FACHOUX - Pas d'alcool, hein ! Anatole, c'est une mauviette, rien que d' voir une bouteille, ça l' tourne.

GALOPIN - On va en prendre bien soin.

MME FACHOUX *(va vers la chambre puis, changeant d'idée, revient vers les trois hommes)* - Par contre, moi, un p'tit verre d'alcool avant le boulot, c'est pas de refus. Après, ça ira tout seul. *(Cris d'Agnès.)* Bon, j'arrive, pas d'affolement !

PEPITO - Tenez, señora Facho. *(Il donne aussi un verre à Galopin et fait un clin d'œil à M. Fachoux.)*

GALOPIN - Mâme Fachoux, vous êtes une femme de caractère, le Galopin y s' trompe jamais. A la santé de mon p'tit gars.

> *Cris d'Agnès… A ce moment, Conchita apparaît à la porte de la chambre.*

CONCHITA - Señora Faché, vite, ça presse, on vous attend !

MME FACHOUX - Minute, je déguste et j'arrive. Allez donc me chercher de l'eau chaude, ma p'tite.

Cris d'Agnès. Mme Fachoux finit son verre et rentre dans la chambre. On entend des « ah ! » de soulagement.

CONCHITA *(se dirigeant vers la cuisine)* - Ah là là ! Que casa, que journée, et le muchacho qui viene aquí ! Madre mia...

PEPITO *(qui sert un verre à M. Fachoux)* - A la vôtre señor Facho !

Conchita revient de la cuisine avec à la main une bouilloire électrique. Elle rentre dans la chambre et en ressort aussitôt.

CONCHITA - La senõra Faché, que pelma, elle veut plein d'eau chaude.

GALOPIN - Ben, y en a d' l'eau chaude maintenant ! Vite fait, bien fait, c'est la devise de la maison Jefaitou.

CONCHITA - C'est vrai. Merci monsieur Jefaitou, mais alors il faut que je trouve un plus grand récipient.

Pepito sort une poche en plastique de sous son poncho qui se révélera être un jerricane souple lorsqu'il sera rempli.

PEPITO - Senõrita, prenez ceci ça ira plus vite, je vais vous aider à le remplir.

CONCHITA - Merci général.

GALOPIN - Attendez que j' vous aide aussi... et puis j'ai une petite faim moi. Y a bien quelques restes à la cuisine ?

Galopin et Pepito accompagnent Conchita à la cuisine, M. Fachoux reste seul.

M. FACHOUX *(qui bafouille)* - Moi aussi j'aurais pu être gé... gé... néral, j' m'étais bien engagé pour ça, mais l'adjudant-chef, c'était Gertrude. Quand elle m'a connu, elle m'a dit : « Toi j' t'ai à la bonne, j' te marie. » Alors terminé ma carrière militaire parce qu'elle a décidé qu'il y avait assez d'un gra... gra... dé dans la famille.

<h1 style="text-align:center">SCÈNE 5</h1>

M. Fachoux, Mme Fachoux, Valentine, Brigitte, Charlotte

Mme Fachoux sort de la chambre, suivie de Valentine, Brigitte et Charlotte.

Mme Fachoux - Y en a encore pour un bout de temps. Les mijaurées ça sait bien crier, ça oui, mais ça sait pas pousser comme y faut ! Z'aurez qu'à v'nir me chercher un peu plus tard. Amène-toi Anatole, j' vais finir de peindre les volets.

Les Fachoux sortent.
Valentine, Brigitte et Charlotte s'assoient.

Valentine - Charlotte, puisque nous avons un peu de temps, explique-moi, je ne comprends rien : que se passe-t-il entre ma fille et mon gendre ? Et que fais-tu là, après vingt ans d'absence, chez Suzette, et dans la même tenue ?

Charlotte *(hypocritement)* - Que voulez-vous que je vous explique, Valentine ? Nous avons dû acheter nos nuisettes dans la même boutique…

Brigitte - Admettons pour les nuisettes, mais le reste ?

Charlotte - Ben quoi ?

Valentine - Ne nous prends pas pour des imbéciles, Charlotte. Toi en nuisette et mon gendre en caleçon, dans sa maison, nous ne sommes pas nées d'hier ! Allez, raconte !

Charlotte - J'avoue, j'avoue, Bertrand est mon amant, mais pour ma défense, j'ignorais complètement que Suzette était sa femme.

Brigitte - Oh, Suzette qui était si sûre de la fidélité de Bertrand… Pauvre Chochotte !

Charlotte *(qui rit)* - Attendez avant de la plaindre, vous ne savez pas tout !

Valentine et Brigitte *(en même temps)* - Quoi, quoi ? Raconte !

CHARLOTTE - Suzette aussi attendait son amant aujourd'hui, et c'est…

VALENTINE ET BRIGITTE - Alors, alors ?

CHARLOTTE - … Hervé Ramonat.

VALENTINE *(perplexe)* - Tu connais, Brigitte ?

BRIGITTE *(pareil)* - Pas du tout, qui est-ce ?

CHARLOTTE - Mon mari.

Elles se tordent de rire toutes les trois.

VALENTINE - Je ne devrais pas rire, il s'agit tout de même de ma fille. Mais c'est vrai que je lui ai pas montré l'exemple ! Que va-t-il se passer maintenant ?

Suzette sort à ce moment de la chambre, habillée.

SUZETTE - Qu'est-ce que vous avez à rire ?

BERTRAND *(sortant du bureau, toujours furieux)* - Suzette, j'ai à te parler, viens !

SUZETTE - Tu pourrais me le demander plus aimablement !

BERTRAND - J'ai besoin d'explications !

SUZETTE - Ça tombe bien, moi aussi !

Elle le rejoint, ils rentrent dans le bureau.

SCÈNE 6

TOUS *sauf* BERTRAND *et* SUZETTE

On entend toujours les gémissements d'Agnès.

CHARLOTTE - Si on rappelait cette caricature de sage-femme ?

BRIGITTE - Il y a cinq minutes qu'elle est partie, elle va être furieuse ! Va donc la chercher, toi.

VALENTINE - On va y envoyer Conchita. *(Elle appelle.)* Conchita !… Conchita !

Conchita sort de la cuisine suivie de Pepito et Galopin. Pepito porte le jerricane plein d'eau.

VALENTINE - Conchita, allez chercher Mme Fachon, on ne peut pas laisser Agnès souffrir comme cela.

CONCHITA - Oh là là ! La senõra Faché, elle ne m'aime pas, le senõr Galopine il ferait mieux que moi !

GALOPIN - C'est vrai ça, faut savoir la prendre mâme Fachoux, j' vais lui dire que mon p'tit montre le bout d' son museau, elle va rappliquer aussi sec, surtout si m'sieur Pepito il a encore de la tequila.

PEPITO - Si hombre, Pepito il a toujours des munitions.

Galopin sort chercher Mme Fachoux, Conchita rentre dans la chambre avec le jerricane et Pepito reste avec les femmes.

CHARLOTTE - Si on retournait auprès d'Agnès pour éviter que la voisine nous la fasse passer de vie à trépas ?

BRIGITTE - Hé bien, tu n'as pas confiance dans ses talents d'accoucheuse ?

CHARLOTTE - Pour moi, elle serait plutôt Gachoux que Fachoux !

PEPITO - Je vais l'aider la Mme Facho, je sais ce qu'il faut faire, j'ai fait cela quinze fois parce que j'ai eu quinze…

VALENTINE - Quinze quoi ?

PEPITO - Heu… heu… quinze… vacas qui ont eu quinze petits veaux dans la sierra.

VALENTINE - Ah bon ! Mais il n'est pas question que tu entres dans cette chambre, corazón. *(Elle rentre dans la chambre.)*

Mme Fachoux, M. Fachoux et Galopin entrent. Mme Fachoux va directement à la chambre.

Mme Fachoux - J' vais lui appuyer un bon coup sur le ventre… Ça f'ra sortir le gamin en cinq sec. C'est que je n'ai pas que ça à faire, moi ! Anatole, tiens-toi bien, sans ça gare à tes moustaches.

Galopin - J' m'occupe de lui mâme Fachoux.

Charlotte - Quelle horreur cette bonne femme… Oh, pardon monsieur, je voulais dire, vous avez une femme bien…

M. Fachoux - Oui, vous pouvez le dire, une femme bien bien…

Long cri d'Agnès, suivi d'un vagissement de bébé.
Mme Fachoux ressort, tenant un bébé dans ses bras enveloppé d'une serviette.

Mme Fachoux - Tenez, qu'est-ce que je vous disais ? J'ai eu qu'à tendre les bras pour la recevoir tellement elle était pressée cette jolie petite pisseuse. Tenez m'sieur Galopin. *(Elle lui colle le bébé dans les bras.)*

Galopin *(déçu)* - Ah, une pisseuse !

Mme Fachoux - Eh oui, une galopine qui fait même pas ses quatre livres à vue de nez !

Les trois femmes se penchent sur le bébé, exclamations diverses : « Qu'elle est belle ! », « Elle ressemble à Galopin ! », « Mais non, à Agnès », etc. Celle-ci crie de nouveau.

Conchita *(qui sort de la chambre)* - Mme Faché, revenez vite, ça recommence !

Mme Fachoux - Ah, des jumeaux ! Manquait plus qu' ça ! Attendez que j' me requinque… Allez l' basané, deuxième service cul sec et j'y r'tourne !

Brigitte - Vite, allons-y, on ne va pas rater l'arrivée du deuxième bébé tout de même !

Valentine, Brigitte et Charlotte se précipitent dans la chambre. Dès que Mme Fachoux est rentrée elle aussi dans la chambre, Galopin, dégoûté, met le bébé dans les bras de M. Fachoux attendri.

M. Fachoux - Fais risette à tonton ! Moi, tu sais, j'aime bien les filles, surtout qu'avec Mme Fachoux on a eu sept garçons à la suite.

Pepito *(tape sur l'épaule de Galopin)* - Et moi, hombre, Don José Cristobal Alvarez Miranda y Cabeza de Vaca, j'ai eu quinze garçons avec quinze femmes différentes, mais chut ! la senõra Valentina ne doit rien savoir, nada…

Galopin - J' suis fort quand même, des jumeaux ! Les ouvriers, quand y s'y mettent, y font l' chef-d'œuvre à tous les coups.

Cris d'Agnès. Conchita ressort de la chambre.

Conchita - Je retourne à la cuisine chercher encore de l'eau chaude. *(Elle sort.)*

Galopin - Me les noyez pas avec toute votre eau, j'ai peut-être une chance que l' deuxième soit un garçon.

Mme Fachoux *(sort de la chambre)* - Elle m'agace la copine à pigner comme ça, y en a bien un deuxième, mais comme y a le temps… *(Elle s'assoit sur le canapé.)* Dites donc, le Mexicain, je r'prendrai bien un coup de votre tord-boyaux. M'sieur Galopin, v'nez vous asseoir à côté d' moi…

Pepito *(lui tendant un verre)* - Voilà, matrona, à la santé del secundo muchacho.

Galopin - A vot' santé mâme Fachoux.

Mme Fachoux - Puisqu'on a le temps, j' vais vous en raconter une bien bonne. Au bout d'ma rue, y a une belle maison bourgeoise, c'est des rupins comme ici qu'habitent dedans, c'est des « De… plus loin », vous savez, des aristos, les De Brossard, pas les gâteaux, hein ! Lui il est directeur de j' sais pas quoi, ce que j' sais, c'est qu'un soir, vlan ! sa bonne femme qu'attendait des jumeaux accouche, pas l' temps d'aller à la clinique, on vient me chercher en cata, j'arrive juste pour recevoir le premier, un petit mignon, tout blondinet, que j' refile au père pour aller chercher le deuxième. Aïe aïe aïe ! C'est là que ça s' complique : le numéro deux il était noir et tout crépu… La tête du père ! Il a failli laisser tomber le premier ! Et moi, j'avais tellement envie d' me marrer que j' me suis tirée en le laissant s'expliquer avec sa bergère. Et une autre fois…

Un cri d'Agnès. A ce moment Valentine sort de la chambre.

VALENTINE - Vite, madame Fachon, je vois la tête du deuxième.

MME FACHOUX - Pas l' temps d' causer !… Bon, voilà, j'arrive !

GALOPIN - Ah, quel caractère ! C'est vraiment le genre de femme que j'aime.

PEPITO - Moi, je les aime toutes : la Valentina, la Brigitta, la Conchita, mais surtout la Suzetta.

Un long cri d'Agnès, vagissements du deuxième bébé.
Mme Fachoux sort à ce moment de la chambre avec le deuxième bébé.

MME FACHOUX - Voilà une deuxième pisseuse… et m'sieur Galopin, si vous êtes en mal de prénom, le mien c'est Gertrude. *(Elle remet le bébé à Galopin qui, écoeuré, le passe illico à M. Fachoux.)* Bon, c'est pas tout ça, revenons aux choses sérieuses : Anatole, corvée de patates et que ça saute ! Et moi, faut que j' prenne un bain et que j' me mette des bigoudis, c'est d'main dimanche, et pis vous, l'heureux papa, vous avez mes W.-C. bouchés qui vous attendent.

GALOPIN - On y va, on y va, j' vous frotterai même le dos si ça vous dit, mais avant faut que j' demande une chose à une des dames qu'est dans la chambre. *(Il frappe à la porte de la chambre et dit à Brigitte qui se montre.)* Vous m'avez bien dit que selon la loi, je n'ai aucun droit sur les bébés ?

BRIGITTE - J'en suis certaine. *(Elle retourne dans la chambre.)*

GALOPIN - Tant mieux ! Des pisseuses, j'en veux pas !

Galopin prend les bébés des bras de M. Fachoux et les met dans ceux de Pepito, puis lui et les Fachoux sortent.

PEPITO - Aïe aïe aïe ! Caramba ! Ils me prennent pour votre nounou mes petites merveilles. *(Elles pleurent, Pepito leur passe de la tequila sur les lèvres, elles se taisent.)* Ah, si mes guérilleros me voyaient !

Noir

ACTE QUATRE

SCÈNE 1

SUZETTE, BERTRAND, VALENTINE, BRIGITTE, CHARLOTTE

Suzette et Bertrand sortent du bureau enlacés.

SUZETTE *(à Bertrand)* - C'est fini Bertrand, je ne te tromperai plus jamais… avec tes nouveaux associés.

BERTRAND - Et moi, ma Suzette chérie, je te promets d'être fidèle à jamais.

SUZETTE - Oh, je t'aime mon chéri ! *(Ils s'embrassent.)* Dis, tu achèteras une nouvelle voiture ?

BERTRAND - Bien sûr ! Mais tu te souviens ma Suzon que j'ai un congrès à Vienne la semaine prochaine ? Pourquoi ne viendrais-tu pas avec moi ?

SUZETTE - Impossible, tu connais ma peur insurmontable des avions. De plus, je suis inquiète : ce Pepito dont maman s'est entichée est bourré de défauts : son intérêt pour l'argent, l'alcool et les femmes… Maman dilapide mon héritage. Je profiterai de ton absence pour aller chez Brigitte à Cannes et je les surveillerai discrètement.

BERTRAND - Ça m'aurait fait plaisir que tu m'accompagnes en Autriche, mais si c'est vraiment ton souhait…

SUZETTE - Nous aurons d'autres occasions. Je vais dans la chambre chercher tes vêtements.

*Valentine, Brigitte et Charlotte (qui s'est rhabillée) paraissent
à la porte de la chambre.*

VALENTINE - Mais tu as tout raté Suzette, Agnès vient juste
d'accoucher, ça s'est passé très facilement… Devine !

SUZETTE - Un garçon bien sûr !

BRIGITTE - Non, mieux que cela.

SUZETTE - Une fille ?

CHARLOTTE - Non, mieux que cela.

BERTRAND - Un garçon et une fille ?

VALENTINE - Non, deux filles.

SUZETTE - Oh ! formidable, je vais les voir ! *(Elle entre dans la
chambre avec Brigitte.)*

VALENTINE - Pepito n'est pas là ? Vous ne l'avez pas vu ? Où
peut-il bien être ? Je vais aller voir dans le jardin. *(Elle sort.)*

Bertrand et Charlotte restent seuls.

CHARLOTTE *(lui saute au cou)* - Bertrand chéri, ce n'est tout de
même pas fini entre nous ? Nous allons nous revoir ?

BERTRAND - Bien sûr ma Lolotte, mais nous devrons être très
discrets. Je repars en congrès à Vienne dans huit jours, Suzette ne
veut pas venir, arrange-toi pour m'accompagner.

CHARLOTTE - Oh, mon amour ! Evidemment, je vais trouver un
moyen. *(Elle lui ressaute au cou.)* Je vais faire une scène terrible à
Hervé, lui dire que je suis au courant de sa liaison avec Suzette, il
n'osera plus rien me dire… Mais je me demande où et comment ils
se sont rencontrés !

BERTRAND - Suzette me l'a avoué : c'était pendant un congrès à
Rome, bien réel celui-là ! Hervé est venu ici chercher un de ses
dossiers que j'avais emporté par mégarde et…

CHARLOTTE - Je vois, les détails sont superflus.

SCÈNE 2

BERTRAND, CHARLOTTE, VALENTINE,
MME FACHOUX, PEPITO, M. FACHOUX

Valentine et Mme Fachoux rentrent l'une après l'autre. Bertrand et Charlotte, qui étaient enlacés, sursautent et se séparent.

VALENTINE - Je n'ai pas trouvé Pepito, ça commence à m'inquiéter. Personne ne sait où il est ?

MME FACHOUX - J' trouve pas mon bonhomme non plus. J'étais occupée avec Félix dans les cabinets, j' reviens, pas d'Anatole, pas d' patates épluchées… Attendez que j' mette la main d'ssus, ça va barder !

Suzette sort de la chambre et donne ses vêtements à Bertrand qui se rhabillera pendant la scène. Elle retourne dans la chambre. En même temps, Pepito suivi de M. Fachoux sort de la cuisine. Ils sont passablement ivres. Bras dessus, bras dessous, ils chantent à tue-tête : « La Cucaracha ».

PEPITO - Tu me plais hombre, je te nomme capitaine de mon armée révolutionnaire.

M. Fachoux salue comiquement, en titubant.

M. FACHOUX - A vos ordres général Pepito ! Moi, Anatole Fachoux, j' suis pas fâché de la facho dont j' quitte Gertrude Fachon !

PEPITO - Muy bien amigo, moi je prends les pesos de la Valentina et je repars au Mexique avec…

VALENTINE *(incisive)* - Avec qui, Pepito ? Avec qui ?

PEPITO *(piteux)* - Oh, Valentina, tu étais là ! Avec toi, bien sûr, tu sais bien que je n'aime que toi !

MME FACHOUX *(autoritaire)* - Anatole Fachoux !

M. FACHOUX - Mon adjudant-chef ! *(Il salue en titubant.)*

73

PEPITO *(lui tapant sur l'épaule)* - N'oublie pas que je viens de te nommer capitaine.

M. FACHOUX - Ah ben oui ! Gertrude, garde à vous !

MME FACHOUX - Garde à vous ! Garde à vous ! C'est à moi qu' tu parles comme ça minus ? *(Elle lui envoie deux gifles.)* Allez, dix jours de cabane tout d' suite et que ça saute !

M. FACHOUX *(pleurnichant)* - Pas la cabane, Gertrude, s'il te plaît, pas la cabane !

MME FACHOUX - Capitaine, capitaine… pis quoi encore !!!

Elle l'attrape et le traîne vers la sortie. Ils disparaissent.

SCÈNE 3

VALENTINE, PEPITO, CHARLOTTE,
BERTRAND, SUZETTE, BRIGITTE

VALENTINE - Quelle mégère cette bonne femme !… Pauvre M. Fachon ! Tu es responsable Pepito : tu le fais boire et tu le mêles à tes histoires de guérilla… Il est temps que je t'emmène à Monaco.

BERTRAND - Vous avez raison Valentine, un petit changement d'air lui fera du bien.

CHARLOTTE *(regardant Bertrand)* - Ah, Monaco ! Un petit séjour en amoureux à Monaco, voilà qui me plairait.

A ce moment, Suzette et Brigitte sortent de la chambre.

SUZETTE - Monaco ?

VALENTINE - Nous allons bientôt partir ma chérie.

PEPITO - Valentina, restons chez la Suzetta, c'est mieux !

SUZETTE - C'est une idée fixe ! Je vais appeler une ambulance qui transportera la jeune maman et ses filles à la clinique et Brigitte va l'accompagner. Agnès vient de leur trouver un prénom : Pepita et Miranda. Qu'en pensez-vous Pepito ?

PEPITO - Muy bien, je les nommerai Mexicaines d'honneur.

CHARLOTTE - Je vais partir également, j'espère que malgré les derniers incidents je pourrai rester en contact avec vous mes Chochottes ?

SUZETTE - Pourquoi pas, si tu ne t'approches plus de Bertrand !

A ce moment un téléphone portable sonne, c'est celui de Pepito qu'il sort de sous son poncho.

PEPITO - Allô, allô… Ici Pep… Don José Cristobal Miranda y Cabeza de Vaca… C'est le colonel Pablo Rodriguez ? Que quieres hombre, pourquoi tu m'appelles ?… *(Aux autres.)* C'est mon aide de camp. *(Au téléphone.)* Le seizième soulèvement est imminent ?… Je rentre tout de suite hombre. *(Solennel.)* La Patria m'appelle, je pars ! Je pars, mais je n'ai pas un peso en poche… Valentina, querida, aide-moi.

VALENTINE - Financer ta révolution, tu n'y vas pas de main morte ! Mais c'est une idée amusante et je vais tellement m'ennuyer sans toi… Je veux bien, mais à une condition : une fois ta révolution gagnée, tu deviens président et tu m'épouses. *(Exclamations diverses.)* Eh bien quoi ? Je deviendrai la Première Dame du Mexique.

PEPITO *(piteux)* - Heu… les pesos, je veux bien, mais pour le reste… heu… je suis déjà marié.

VALENTINE - Marié ! Oh, Pepito, tu m'avais assuré être célibataire ! *(Au public.)* Bah, un de perdu, dix de retrouvés, j'irai au Brésil, c'est bien le diable si je ne retrouve pas un nouveau fiancé !

BRIGITTE - Vous avez raison Valentine, allez au Brésil. Pepito, je suis moins riche que Valentine, mais tout ce que j'ai est à vous. En échange naturellement de deux petites choses : ministre de la Justice et maîtresse officielle. Qu'en dites-vous ?

PEPITO *(piteux)* - Les pesos je veux bien, mais pour le reste… heu… désolé Brigitta, j'ai déjà quatorze maîtresses.

BRIGITTE *(dépitée)* - Oh, Pepito ! *(Au public.)* Bon, je cherche toujours un mec, avis aux amateurs !

CHARLOTTE - Invitez-nous mon mari et moi au Mexique, Pepito, vous pourrez faire d'Hervé votre cardiologue personnel !

PEPITO *(au public)* - La vraie Suzetta, je l'emmène tout de suite, mais la copie, non !

CHARLOTTE - Alors, c'est oui ou non ?

SCÈNE 4

LES MÊMES *plus* M. FACHOUX,
MME FACHOUX, GALOPIN, CONCHITA

A ce moment, comme à son habitude, M. Fachoux rentre en courant chez les Tuillaux, suivi de Mme Fachoux et de Galopin.

M. FACHOUX - Au secours général ! Mme Fachoux veut retourner à la vie militaire avec moi et nos sept garçons dans votre armée révolutionnaire !

MME FACHOUX - J' vais vous mettre l' Mexique au pas en moins d' deux et j'emmène M. Galopin ici présent, on s'entend bien tous les deux. Et puis, si vous avez des problèmes de tuyaux, c'est un spécialiste.

GALOPIN - J' me vois bien ministre, moi. De quoi, je sais pas ! Peut-être chef des cabinets ou garde des seaux !

PEPITO - Impossible. C'est la Suzetta que je veux, pour elle je divorce, je renvoie mes maîtresses et je l'aime tout le reste de ma vie. *(Un temps.)* Seulement, elle n'a pas autant de pesos que Valentina !

BERTRAND *(se fâchant)* - Ma femme ! Vous voulez que je vous casse la figure Pepito ?

SUZETTE *(tranquille)* - Pas la peine Bertrand, je ne vais nulle part.

PEPITO *(à Bertrand)* - Mais vous, vous aimez la copie de la Suzetta !

SUZETTE *(ironique)* - Charlotte, à ta place, je me vexerais !

A ce moment, Conchita, très excitée, rentre dans le living avec un journal à la main.

CONCHITA *(criant)* - Ça y est, ça y est ! J'ai gagné le gros lot à la loterie espagnole, des millions d'euros ! Pepito, je te les donne pour ta révolution si tu tiens ta promesse !

PEPITO - Muy bien, enfin j'ai les pesos ! C'est donc la señorita Conchita qui vient avec moi. Petite, je t'adopte et tu seras mon chauffeur personnel, comme ça je suis sûr que tu écraseras tous mes ennemis.

VALENTINE - La domestique !

BRIGITTE - Une gamine !

CHARLOTTE *(au public)* - Ah, les hommes, ce ne sont pas les sentiments qui les étouffent !

MME FACHOUX - Ah ben, la bonne, c'est une petite futée, oui !

SUZETTE - Comment vais-je faire pour retrouver une autre employée ?

MME FACHOUX *(à Suzette)* - Si vous voulez, j' vous laisse Anatole, il est bien dressé, il sait tout faire dans une maison, mais attention, pas d'alcool, hein ! Moi, j' garde Galopin, il promet. Allez, tu viens Félix ?

GALOPIN - Tout d' suite mâme Gertrude.

PEPITO *(baisant la main des dames)* - Mesdames, adios ! J'aime les Françaises, toutes les Françaises, mais les petites Espagnoles… hé, hé… elles ne sont pas mal non plus !

SUZETTE *(à Bertrand)* **-** Alors chéri, que penses-tu de cette folle journée ?

BERTRAND - Bonne fête Suzette !

TOUS - Bonne fête Suzette !

PEPITO - Viva la fiesta !

A ce moment, on entend la sonnette d'entrée.

TOUS - Qui est-ce ?

BERTRAND - Allez ouvrir, Conchita.

Elle s'exécute en rechignant, revient et annonce :

CONCHITA - El señor Hervé Ramonat !

FIN

AVIS IMPORTANT

ATTENTION

Imprimé à la demande par Libri Plureos GmbH, Bad Hersfeld, Allemagne

Première édition, dépôt légal : mars 2005
N° d'édition : 200509
ISBN : 2-84422-446-6